회계실무 기초의 이해

황욱선

pnc publishing and culture
피앤씨미디어

머리말

회계는 경영대, 공대, 예술대 등 사회의 모든 분야에서 필수적이다. 왜냐하면, 돈과 관계되지 않는 생활은 존재하지 않기 때문이다. 심지어, 종교관련 분야에서도 헌금이라는 명목의 돈이 활용되고 있다. 그러므로 회계는 우리가 살아가는 동안 함께해야 할 동반자이기 때문에 저자는 감히 ACCOUNTING IS LIFE라는 철학을 가지고 있다.

기업에서는 돈의 흐름을 체계적으로 관리하기 위하여 회계업무를 실행하고 있다. 하지만, 기업의 규모가 커지고 복잡해지면서 회계는 점점 더 어려워졌으며, 학생의 입장에서는 학습하기가 꺼려지고 있는 것이다. 기업은 세계화되고 다양화되면서 국제회계기준, IFRS, 정부회계, M&A, 연결회계… 등의 환경에 의한 회계업무가 세분화되고 있다. 회계를 처음 하고자 하는 사람의 입장에서는 접근 자체에 부담을 느끼게 될 것이다.

분명한 것은 회계를 습득하게 되면, 취업 자리가 충분하다는 것이다. 왜냐하면, 모든 기업에서 회계가 필요하지만 많은 사람들이 회계를 어렵다고 생각하여 하지 않기 때문이다. 저자는 회계를 어렵게 생각하는 것은 접근 방법을 잘 못했기 때문이다. 앞에서 저자가 말한 바와 같이 회계를 생활로 연결하여 생각하고 학습을 한다면, 어렵지 않게 접근할 수 있을 것이다. 하지만 많은 학생들은 개인의 생활과 회계를 따로 떼어 공부한다. 회계는 수학이 아니라 생활 속에서 발생한 돈의 문제를 체계적으로 처리하는 교과목이기 때문에 우리가 살아가고 있는 생활과 연결하여 학습하는 습관을 길러야 할 것이다. 따라서 이 책은 다음과 같은 내용을 포함하였다.

첫째, 이 책은 회계를 처음 접하는 사회인, 대학생 등이 사회에서 당장 써 먹을 수 있도록 생활 속에서 일어나는 사건에 대한 회계처리에 중점을 두고 접근하였다. 즉, 사회에서 활용되고 있는 각종 영수증관련 증빙들을 내용에 포함하여 회계처리하는 방법을 설명하였다. 또한 생활 속에서 친구들과 함께 밥 먹으러 가면 "복리후생비"로 처리한다는 식의 실제 사건에 대한 처리내용을 포함하였다.

둘째, 실무에서 활용하는 전산회계 내용을 포함하였다. 현재 기업에서는 회계처리를 대부분 IT로 활용하고 있다. 실제로 회계프로그램에 활용될 때, 어떻게 입력되는지에 대한 과정을 포함하여 실생활의 활용을 표현하였다.

셋째, 저자는 기업체 근무, 학교에서의 교육, 각종 출제위원 등을 해 본 경험을 바탕으로 각종 자격증 및 시험 등의 기출문제 및 해답 설명을 책의 내용에 삽입하여 학습동기가 유발되도록 하였다. 또한, 책의 내용을 설명한 후에는 연습을 위한 문제를 포함함으로서 학생들이 재반복하여 기억할 수 있도록 하였다.

넷째, 본 책의 내용에는 회계분야를 공부하면 취득할 수 있는 자격증에 대하여 소개하는 독립된 장이 포함되어 있다. 학생들은 회계를 공부하여 어떠한 자격증을 취득하면 취업이 될 수 있는지에 대한 내용을 읽으면서 꿈을 꾸고 실현하기 위한 정보를 확인하였으면 한다.

다섯째, 본 책은 회계를 처음 시작하는 회계실무자, 학생 등이 대상이다. 따라서 회계의 근거가 되는 회계기준, IFRS, 국제회계기준 등과 같은 법령에 대한 소개는 포함하지 않았다. 그냥 "회계는 이렇게 하는 구나" "이 정도 회계를 공부하면, 회사에서 이렇게 써 먹을 수 있겠구나" "이 정도 공부를 하면, 자격증을 딸 수 있겠구나" 등을 느낄 수 있도록 가장 기초적인 내용을 포함하였다.

여섯째, 이 책은 학문을 위한 교과서가 아니라 회계를 하고자 하는 초보자가 실무에 접근하기 위하여 저술된 책이다. 학생들은 취업을 위하여, 회계에 대하여 아무것도 모르고 자격증을 따려고 시작할 때, 이 책을 우선 학습하고 시작하면 쉽게 접근할 수 있을 것이다. 기업체에 취업한 초보 사회인들은 이 책을 읽음으로써 자신의 업무에서 회계가 실무적으로 어떻게 처리되는지를 간파할 수 있을 것이다.

이 책은 2년간의 준비기간과 1년간의 실험 강의를 거쳐 출간되었다. 하지만, 아직도 생활 속의 회계, 자격증 취득을 위한 회계 등에 접근하기에는 부족하다. 독자들의 많은 충고를 기다린다. 아울러, 이 책이 출간되기까지 마음 편하게 보필해준 피앤씨미디어의 최준규 전무님, 저자가 그동안 출판해 온 책 중에서 가장 믿음을 가게해 준 편집장 심성보 이사님께 감사함을 전한다. 마지막으로 평생을 함께한 아내 신동금, 아빠의 자식에 대한 진로 결정에 잘 따라주고 도달해 준 딸 예슬과 아들 상원에게도 마음속의 깊은 애정을 전한다.

2020년 1월

저자

차 례

제8장 자산·부채·자본의 회계처리

제9장 수익과 비용

제10장 결산정리와 기말수정분개(결산정리분개)

제1장

회계의 시작과 사회

1. 가정의 가계부와 기업의 회계장부
2. 기업의 회계업무는 인문사회, 공학 모두가 할 줄 알아야 한다
3. 회사에서 즉각 써먹을 수 있는 회계 및 세무
4. 복식부기의 탄생과 회계
5. 거래, 부기, 회계 그리고 회계정보이용자
6. 회계정보는 어디에 필요한가?

1 가정의 가계부와 기업의 회계장부

우리는 기업에 취업하든 창업을 하든지 돈을 벌게 된다. 그 돈으로 자신과 가족의 생계를 유지해야 하는 것이다.

예를 들어, 회사를 다닐 경우에는 월급으로 생활을 하게 된다. 월급으로 교통비, 외식비, 대출금 상환, 데이트비용, 저축 등을 한다. 이러한 내용을 각 개인에 따라 가계부를 작성하기도 한다. 가계부를 작성하지 않더라도 머릿속에라도 자신의 돈의 흐름을 저장해 놓는다.

기업은 이익을 추구하는 집단이다. 기업은 장사를 하여 얼마나 팔았으며, 얼마의 이익을 남겼는가를 파악해야 한다. 이를 위하여 장부를 작성해야 한다. 이와 같이, 기업은 장사를 해서 번 돈의 흐름을 파악하기 위하여 체계적으로 장부를 작성하는 절차가 "회계(경리)업무"이다. 물론 회계(경리)업무는 재경부의 회계 또는 경리부서에서 전문적으로 담당한다. 즉 돈의 흐름을 파악하기 위해서는 집에서는 가계부, 기업에서는 회계장부를 작성하는 것이다.

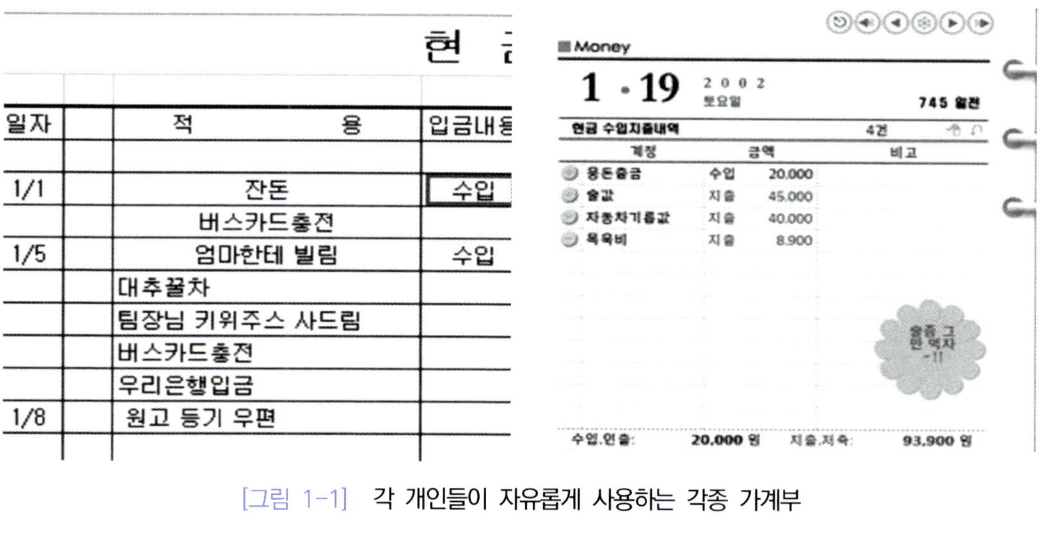

[그림 1-1] 각 개인들이 자유롭게 사용하는 각종 가계부

가계부는 각 개인이 자신의 돈의 흐름을 요약하는 양식이기 때문에 일정한 양식이 없다. 따라서 수첩에 작성하든, 노트에 작성하든, 스마트폰에 메모하든 자신이 알아볼 수 있으면 되는 것이다. 가계부는 일반적으로 "수입", "지출" 등으로 명명한다.

재산을 장부에 기록, 계산, 정리하는 절차를 부기(book-keeping)라고 한다. 부기의 종류 중에서 가계부 작성을 하는 것을 단식부기라고 하며, 회사 장부작성을 복식부기라고 한다. 기업에서의 돈의 흐름은 회계부서 또는 경리부서에서 한국회계기준원의 회계기준에 의하여 정해진 규정에 의하여 장부를 작성한다.

2 기업의 회계업무는 인문사회, 공학 모두가 할 줄 알아야 한다

기업에서는 얼마나 벌었는지를 파악하기 위해서는 회계 또는 경리 부서에서 회계(경리)장부를 작성한다. 회계장부를 작성하기 위해서는 회사의 전 사원이 회사에서 움직이는 "돈의 흐름"을 문서로 작성할 줄 알아야 하는 것이다. 전 사원이 자신이 근무하는 부서에서 활용한 돈과 관련된 직·간접적인 내용을 작성해야 하는 것이다. 이러한 업무에는 공학 전공, 경영학 전공, 인문학 전공의 구분이 없다. 관련 문서를 모두가 이해하고 작성할 줄 알아야 한다.

예를 들어, S전자(주) 반도체 사업부에 근무하는 공학전공 졸업생이 반도체 개발을 위하여 장비를 구입해야 한다고 하자. 장비구입비를 회사에 신청해야 할 것이고 그 내용을 회계문서로 처리를 해야 회사로부터 돈을 받을 것이다. 이러한 업무를 회계부서에서 해 주는 것이 아니다. 회계부서는 전 부서에서 활용한 돈의 내역을 요약 및 정리하는 부서인 것이다. 따라서 공대이든 예술대학이든 회계문서 처리에 대한 기본적인 내용을 습득해야 기업에서 존재할 수 있을 것이다.

회계는 가계부 작성, 회사에서 직원들이 돈을 사용할 때, 창업 장사에서 얼마나 벌었는지를 손익 분석할 때 등 돈이 움직이는 곳이면 절대적으로 필요하다. 예를 들어, 식당을 운영하는 사장님은 얼마나 벌었는지를 파악할 줄 알아야 한다. 그리고 세금이 어떻게 해서 나오는지 정도는 대략적으로 알아야만 하는 것이다. 물론 전문적이고 상세한 것은 회계 및 세무 전공 전문가들이 처리한다. 이러한 의미에서 요리 전공자는 요리만 잘하면 안되는 것이다. 결국은 돈을 벌기 위하여 식당을 하는 것이기 때문에 돈의 흐름을 파악하기 위해서는 대학에서 어떠한 전공을 했는가와는 무관하게 모든 전공에서 기본적으로 알고 있어야 하는 것이다.

공학전공은 학교 졸업 후 오직 생산부서에만 투입되는 것이 아니다. 최근에는 제품에 대한 성능을 파악하고 제품을 팔아야 하기 때문에 기술영업부서, 해외수출부서 등에

도 배치를 받는다. 또한 금융기관에 근무하기도 한다. 중소기업에서 대출을 받을 때 공학전공은 그 기업의 제품분석이 인문사회전공보다 우수하기 때문이다. 물론 개발부서와 연구부서에서도 당연히 근무하고 있다. 공무분야 및 자재관리 분야에서도 회사의 제품자재 및 생산업무 지원을 위하여 근무한다. 경력이 쌓이면 기획부서에서 기업의 제품예측을 담당하기도 한다. 최종적으로 기업의 CEO가 되기도 한다. 즉 공학도라고 해서 생산부서에서 생산제품만을 취급하는 업무를 하는 것이 아니다.

회사의 모든 업무는 문서와 전표의 결재로서 이루어진다. 그리고 모든 업무에는 숫자와 돈의 내용이 포함된다. 회사의 궁극적인 목표는 얼마나 이익을 남겼는가이기 때문에 매출과 원가를 계산하기 위해서는 회사의 업무는 모두 "돈의 흐름"으로 처리되어 결산이 이루어져야 하기 때문이다. 앞 절에서 설명한 바와 같이, 집에서 가계부를 작성하듯이 기업에서 얼마나 남았는가를 파악하는 최종 회계장부가 "재무제표"인 것이다.

회사에서는 모든 돈과 관련된 업무를 "전표"에 의하여 처리한다. 전체 부서에 연결된 전표는 회계부서에서 통합되어 재무제표로 작성되면서 회사가 얼마나 수익을 올렸는지를 알 수 있는 것이다. 따라서 모든 부서 근무자는 회계 전표를 작성하는 법을 습득해야 하는 것이다. 하지만 대학에서는 공학도에게 회계 전표의 작성을 가르치지 않는다. 오직 "공학을 위한 공학"을 가르치고 있다. 극단적으로 표현하면, 현재의 대학 공학분야 교육과정이라면 공학을 전공한 사람은 회사에서 오직 생산부서에서 생산만 해야 하고, 돈의 흐름을 알 필요가 없는 것이고, 돈을 벌 필요도 없는 것이다. 공학전공이라도 회계전표 작성과 기업의 수익 분석 정도는 기본적으로 파악할 줄 알아야 하는 것이다. 이것이 기업에서 요구하는 당장 써 먹을 수 있는 대학 졸업생이 되는 것이다.

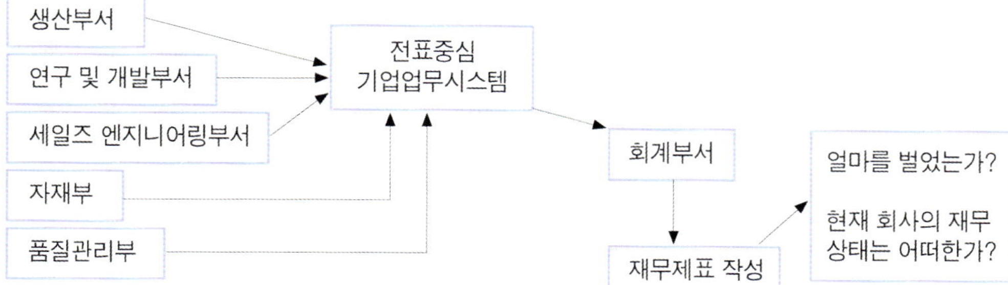

[그림 1-2] 기업 부서중심 전표흐름도

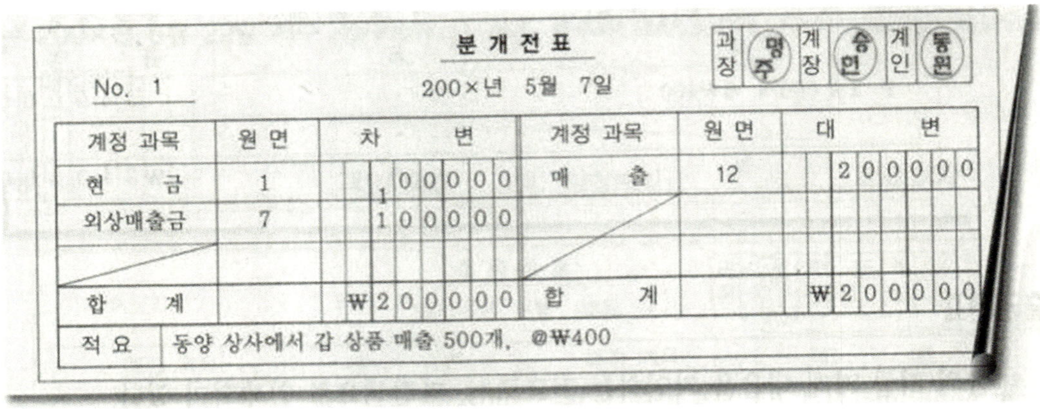

분 개 전 표

No. 1　　　200×년 5월 7일

과장	명주	계장	승헌	계인	동원

계정 과목	원면	차변	계정 과목	원면	대변
현금	1	100000	매출	12	200000
외상매출금	7	100000			
합계		₩200000	합계		₩200000
적요	동양 상사에서 갑 상품 매출 500개, @₩400				

[그림 1-3] 기업실무에서 사용하는 분개 전표

〈표 1-1〉 기업에서 사용하고 있는 회계장부(재무제표)

재무상태표

회사명 : ㈜WM산업　　　　(단위 : 백만원)

과 목	2010년 12월 말	2011년 12월 말	2012년 12월 말
Ⅰ. 유동자산	12,048,451	15,371,067	18,682,464
(1) 당좌자산	9,442,395	12,537,017	15,135,146
1. 현금 및 현금성 자산	1,712,713	1,601,512	1,945,242
2. 단기금융상품	2,606,335	4,547,254	5,124,548
3. 단기매도가능증권	2,066,819	2,975,333	3,122,145
4. 매출채권	1,438,218	1,548,364	1,395,254
5. 기타 당좌자산	1,618,310	1,864,554	3,547,957
(2) 재고자산	2,606,056	2,834,050	3,547,318
Ⅱ. 비유동자산	24,104,228	26,704,338	31,214,867
(1) 투자자산	8,185,339	8,114,245	9,004,247
(2) 유형자산	15,292,258	17,834,638	21,316,073
1. 토지	2,222,247	2,333,100	3,014,254
2. 건물·구축물	3,120,908	3,997,020	4,578,544
3. 기계장치	7,743,673	8,900,861	10,547,330
4. 건설중인 자산	1,313,009	1,697,712	2,021,415
5. 기타 유형자산	892,421	905,945	1,154,530
(3) 무형자산	626,631	755,455	894,547
자산총계	36,152,679	42,075,405	49,897,331

Ⅰ. 유동부채	8,285,598	8,481,279	7,555,992
1. 매입채무	1,547,556	1,875,457	2,657,452
2. 미지급금	1,987,545	2,457,004	1,576,100
3. 미지급비용	2,457,564	2,345,787	2,014,570
4. 유동성장기부채	545,475	645,700	357,540
5. 기타 유동부채	1,747,458	1,157,331	950,330
Ⅱ. 비유동부채	2,478,458	2,180,865	1,427,166
1. 사채	1,587,003	988,004	533,660
2. 장기차입금	520	310	–
3. 장기 미지급비용	345,145	547,544	447,512
4. 기타 비유동부채	545,790	645,007	445,994
(부채총계)	10,764,056	10,662,144	8,983,158
Ⅰ. 자본금	1,245,647	1,587,334	3,522,112
Ⅱ. 자본잉여금	6,547,878	8,457,620	12,254,441
Ⅲ. 이익잉여금	21,487,674	25,478,957	31,552,114
Ⅳ. 자본조정	−3,892,576	−4,110,650	−6,414,494
(자본총계)	25,388,623	31,413,261	40,914,173
부채와 자본총계	36,152,679	42,075,405	49,897,331

손익계산서

회사명 : ㈜WM산업 (단위 : 백만원)

과 목	2010년도	2011년도	2012년도
Ⅰ. 매출액	40,542,158	45,385,930	51,323,443
Ⅱ. 매출원가	27,547,953	31,221,876	33,334,521
Ⅲ. 매출총이익	12,994,205	14,164,054	17,988,922
Ⅳ. 판매비와 관리비	5,891,365	7,351,340	6,733,470
1. 급여	536,154	705,694	759,334
2. 퇴직급여	66,475	60,109	70,223
3. 지급수수료	1,014,125	1,221,236	1,223,332
4. 감가상각비	222,047	196,443	253,442
5. 광고선전비	755,478	790,546	654,885
6. 판촉비	313,204	392,454	354,094
7. 애프터서비스비	334,514	430,556	403,495
8. 경상개발비	459,889	556,445	538,009
9. 연구비	1,054,022	1,332,531	1,022,776
10. 기타 판매비와 관리비	1,135,457	1,665,326	1,453,880
Ⅴ. 영업이익	7,102,840	6,812,714	11,255,452
Ⅵ. 영업외수익	2,722,233	3,667,977	3,507,884
1. 이자수익	354,221	553,677	598,334
2. 배당금수익	3,187	21,433	25,332
3. 수수료수익	90,457	153,443	145,332
4. 임대료	66,475	103,887	153,543
5. 외환차익	353,226	503,449	473,009
6. 기타 영업외수익	1,854,667	2,332,088	2,112,334
Ⅶ. 영업외비용	594,325	576,553	776,433
1. 이자비용	120,547	153,223	134,224
2. 외환차손	154,002	164,556	187,993
3. 매출채권처분손실	95,254	102,331	190,992
4. 기타 영업외비용	224,522	156,443	263,224
Ⅷ. 법인세비용차감전순이익	9,230,748	9,904,138	13,986,903
Ⅸ. 법인세비용	2,142,554	2.445,775	3,946,778
Ⅹ. 당기순이익	7,088,194	7,458,363	10,040,125

3 회사에서 즉각 써먹을 수 있는 회계 및 세무

최근 기업에서는 신입사원을 뽑아서 재교육을 시켜야만 회사에 활용할 수 있다는 것이다. 어느 기업체 컨설팅을 했을 때의 일이다. 그 회사의 사장님께서는 "황 교수! 수업 좀 잘 가르쳐요. 대학 졸업생들이 출장비 문서도 하나 작성 못해서 개발로 바쁜 선배 사원에게 의지하는 것을 보고 무엇을 가르쳤나 답답했어요"라고 했다.

공학도가 회계(경리)업무를 전문적으로 배우라는 것이 아니다. 최소한 회사 직원으로서 기본적으로 돈의 흐름을 기본적으로 처리할 수 있을 정도만 습득하면 되는 것이다. 현재의 대학 교과과정은 공대 전공, 경영대 전공, 예술체육대 전공 … 등으로 타 전공 침해는 안되는 것으로 구성되어 있다. 하지만 최근 "융합"이라는 말과 함께 각 대학에서는 전공의 융합을 모색하고 있는 것이다.

회계분야에서는 최근 한 대학교에서 전 학과의 필수과목으로 "회계학"을 교과목으로 매우 성공적인 진행을 하였다. 또한 그 대학교에서는 건설전공분야에 회계, 세무회계, 경영분석 등의 교과목을 개설하여 진행하고 있다. 건설 분야 직원 또는 사장도 돈의 흐름을 파악하기 위하여 기본적인 회계 및 세무가 필요한 것이다.

4 복식부기의 탄생과 회계

복식부기는 인류 역사상 가장 가치 있는 발견 중의 하나라고 할 수 있다. 복식부기는 11세기경 남유럽에 근원을 두고 있으며, 13~14세기 이탈리아의 도시국가에서 발달하여 15세기에 베니스식(이탈리아식 부기)으로 완성된 것이 시초이다.

복식부기에 관한 가장 오래된 책은 이탈리아의 루카 파치오리(Luca Pacioli, 수도사이자 수학자)의 저서 <즌마(*SUMMA*, 산술/기하/비교 및 비례 개요 1494년)>이다.

우리나라는 고려시대의 수도인 송도(개성)를 중심으로 개성부기·사개송도치부법(四介松都治簿法)·송도사개치부법이 사용되었다. 이 부기법은 오늘날 우리가 사용하는 서양의 복식부기와 근본 원리가 같다. 서양의 복식부기법보다 200년 이상 앞서 개발된 점에서 역사적 의의가 크다. 이것은 개성이 상업도시로 발전하였던 역사적 사실에 기인한다.

5 거래, 부기, 회계 그리고 회계정보이용자

가정에서는 부모님이 돈을 사용할 때 가계부 양식에 수입과 지출로 기입하여 작성한다.

회사에서는 돈을 빌려주거나 빌릴 때, 물건을 사고팔 때 장부에 기록한다. 이와 같이 회사는 돈을 빌려주거나, 돈을 빌리거나, 식사를 할 때, 거래처의 접대를 할 때, 회사 상품을 사고팔 때, 은행이자를 갚을 때, 출장을 가서 여비교통비를 사용할 때 등등 많은 사건(event)이 발생한다. 이러한 사건을 "거래"라고 한다. 국어사전에는 거래의 뜻을 주고받음 또는 사고팖으로 정의하고 있다. 한자사전에는 거래의 뜻을 금전을 서로 대차하거나 물건을 매매하는 일로 정의하고 있다.

여기서 잠깐! 앞절에서 이미 설명한 내용을 다시 한번 반복한다.

옛날에는 회사에 경리가 있었으며, 현대에도 조그만 회사에 경리가 있다. 경리는 회사의 재산을 장부에 단순히 기록, 계산, 정리하는 역할을 한다. 이를 부기(book－keeping)라고 한다. 부기에는 단식부기와 복식부기가 있다. 단식부기는 회사의 재산상태를 수입과 지출로 단순하게 기록하는 것을 말한다. 예를 들어, 가계부를 작성하는 것은 단식부기이다.

복식부기는 기업의 재산을 차변과 대변으로 구분하여 기록, 계산, 정리하는 절차를 말한다. 결국 복식부기는 우리나라의 기업회계기준을 따르는 것이다.

그렇다면 회계는 무엇인가? 회계(accounting)는 회계정보이용자가 합리적인 판단과 의사결정을 할 수 있도록 기업의 경제적 활동에 관한 유용한 정보를 인식, 측정, 기록하여 전달하는 과정을 말한다. 즉, 부기는 기업의 재산을 기록, 계산, 정리하는 절차를 말하며, 회계는 더 나아가 의사결정을 할 수 있도록 정보를 전달하는 것까지를 포함 한다고 할 수 있다.

> 회계란 기업의 재무상태와 경영성과를 기록·계산·정리하여 회계정보이용자들이 경제적 의사결정에 활용할 수 있도록 제공하는 정보생산체계를 말한다.

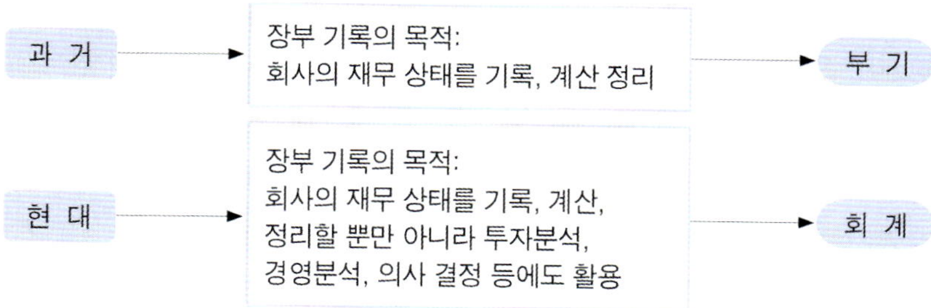

[그림 1-4] 과거와 현대의 장부기록 목적

과거에는 회사의 재산을 장부에 잘 정리만 하였으면 충분하였다. 즉, 복식부기로 충분하였다. 하지만, 현대에는 회사의 경리장부를 잘 분석하여 주주, 종업원, 투자자, 은행, 노동조합 등에 제공한다. 예를 들어, 주식투자를 하는 투자자들은 회사의 다양한 경리정보를 분석하여 주식을 사고판다. 따라서 현대는 회계의 시대이다. 그리고 회계는 기업의 언어(language of business)라고 할 수 있다.

기업은 복식부기 원리에 의하여 장부를 작성한다. 작성된 자료는 기업의 재산상태나 경영성과를 나타낸다. 이 자료를 재무제표라고 한다. 재무제표는 다양한 분야에 활용된다. 예를 들어, 회사가 금융기관에서 대출을 받고자 할 때, 금융기관은 이 회사의 재무제표를 분석하여 대출 여부를 의사결정을 한다. 이 때 복식부기원리에 의하여 작성된 재무제표를 회계정보라고 한다. 회계정보는 화폐액, 즉 돈으로 표현되기 때문에 계량적 정보이며 기업의 언어(the language of business)라고 한다. 그리고 금융기관을 이해관계자 또는 회계정보 이용자라고 한다. 이해관계자는 [그림 1-5]와 같이 다양하게 존재한다.

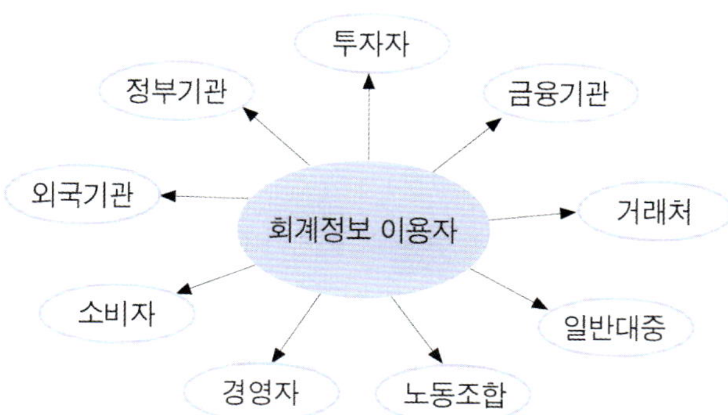

[그림 1-5] 회계정보이용자

6 회계정보는 어디에 필요한가?

기업의 재무상태표, 손익계산서와 같은 재무제표는 과연 어디에 필요한가? 기업은 경쟁력을 키우기 위해서 공장을 짓거나 제품을 개발하는 등의 투자를 한다. 투자를 하기 위해서는 기업 자신의 위치를 파악하여야 한다. 재무상태표와 손익계산서 등에 의하여 투자할 수 있는 자금이 충분한지, 필요한 자금을 빌려오기 위하여 대출기관에 재무제표를 제출해도 자신의 기업이 튼튼한지 등에 대한 분석을 한다.

또한 어떠한 기업에 주식투자를 하기 위해서는 그 기업의 재무상태와 경영성과를 파악하고, 수익성과 미래 성장가능성을 분석해야 한다. 이를 위해서는 기업의 재무제표를 분석하여 투자유무를 결정해야 하는 것이다. 이와 같이, 재무제표는 기업의 회계정보이용자에게 다양한 정보를 제공한다.

이러한 회계정보는 금융감독원의 전자공시시스템 사이트, 일간신문, 증권거래소, 각 기업 홈페이지, 각 포털사이트의 금융정보 탭 등에서 찾아볼 수 있다.

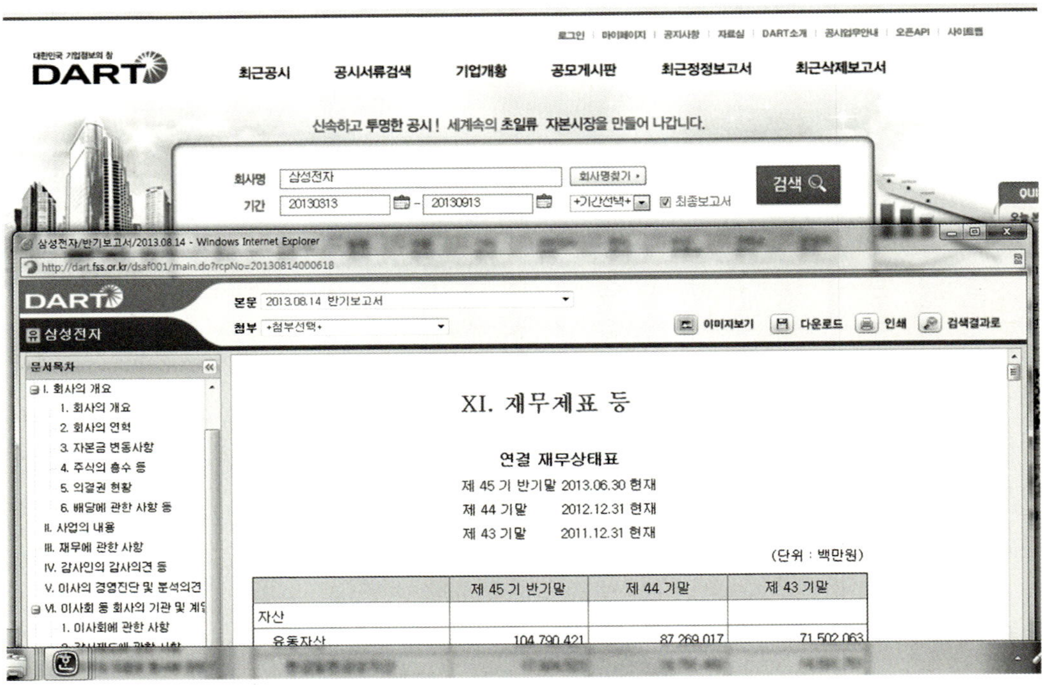

[그림 1-6] 금융감독원의 전자공시시스템

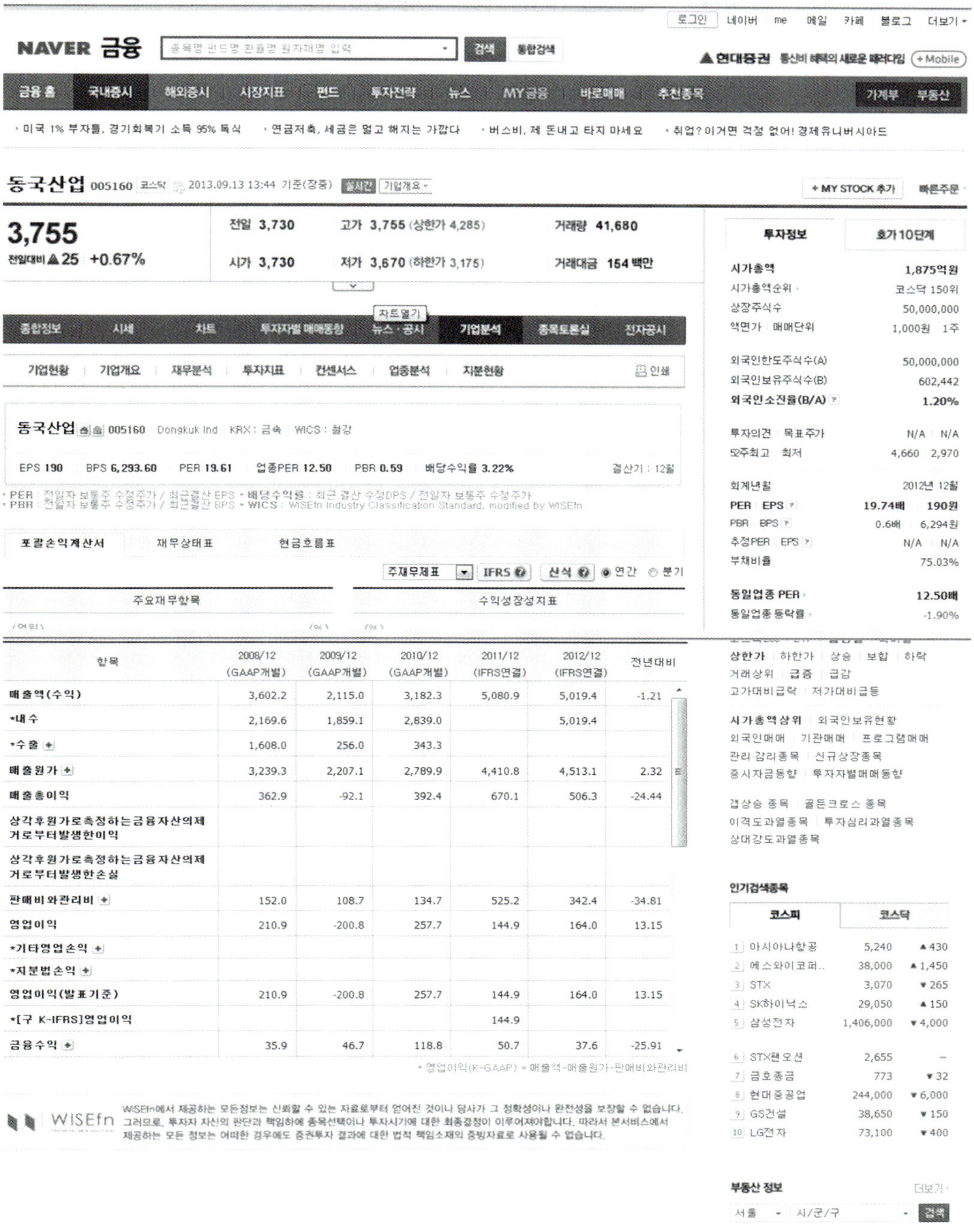

항목	2008/12 (GAAP개별)	2009/12 (GAAP개별)	2010/12 (GAAP개별)	2011/12 (IFRS연결)	2012/12 (IFRS연결)	전년대비
매출액(수익)	3,602.2	2,115.0	3,182.3	5,080.9	5,019.4	-1.21
*내수	2,169.6	1,859.1	2,839.0		5,019.4	
*수출	1,608.0	256.0	343.3			
매출원가	3,239.3	2,207.1	2,789.9	4,410.8	4,513.1	2.32
매출총이익	362.9	-92.1	392.4	670.1	506.3	-24.44
상각후원가로측정하는금융자산의제거로부터발생한이익						
상각후원가로측정하는금융자산의제거로부터발생한손실						
판매비와관리비	152.0	108.7	134.7	525.2	342.4	-34.81
영업이익	210.9	-200.8	257.7	144.9	164.0	13.15
*기타영업손익						
*지분법손익						
영업이익(발표기준)	210.9	-200.8	257.7	144.9	164.0	13.15
*[구 K-IFRS]영업이익				144.9		
금융수익	35.9	46.7	118.8	50.7	37.6	-25.91

[그림 1-7] 네이버 증권 탭에 의한 기업체 재무정보

제 2 장

분개, 개정

1. 차변과 대변, 자산·부채·자본·수익·비용
2. 거래의 8요소와 거래의 의미
3. 회사가 1년 동안 사업한 최종 성적표는 재무상태표와 손익계산서에 기록
4. 회계단위와 회계연도

1 차변과 대변, 자산 · 부채 · 자본 · 수익 · 비용

기업에는 회계장부가 있다.

회계장부에 거래의 내용을 기록할 때는 수학에서 공식이 있듯이, 회계도 공식에 따라 기록한다. 우리는 이것을 배우는 것이다.

회계장부 양식, 회계처리 공식 및 내용 등이 어떻게 되어야 한다고 설명해 놓은 것이 "기업회계기준서"라고 한다. "기업회계기준서"는 글로 되어 있기 때문에 회계를 처음 배우는 학생들에게는 너무 어렵게 느껴진다. 이것은 로스쿨 공부하는 사람들이 우리나라의 어려운 각종 법조문을 보는 것과 같다.

따라서, 그림, 요약, 계산문제 등으로 쉽게 설명해 놓은 것이 교과서이다.

자! 이제 회계장부를 만드는 방법을 시작하자.

회계에서는 모든 거래를 할 때, 차변, 대변이라는 말을 사용한다. 또한, 회사 장부에 들어갈 모든 재산을 자산, 부채, 자본, 수익, 비용으로 차변, 대변에 나누어 기록한다. 이것을 분개한다고 한다. 차변(Dr)은 왼쪽에, 대변(Cr)은 오른쪽에 위치시킨다. 자산, 부채, 자본, 수익, 비용에 들어 갈 회사의 모든 재산들을 계정이라고 한다. 계정에 속하는 각각의 항목을 "계정과목"이라고 한다.

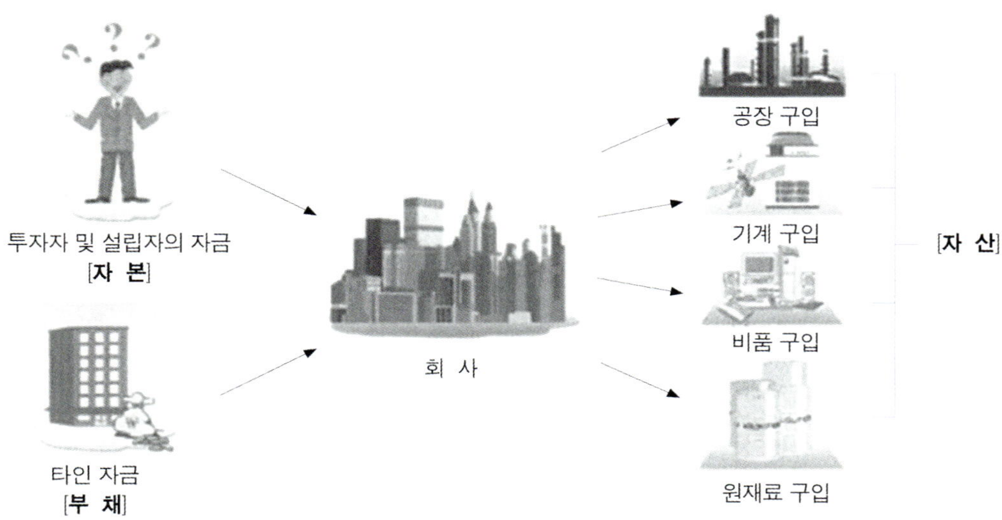

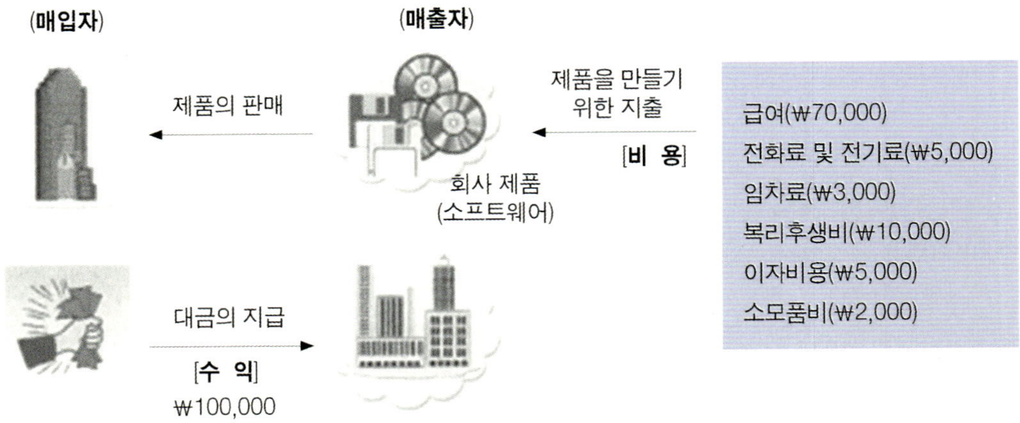

예를 들어, 회사의 돈은 회계에서 "현금"이라는 계정과목으로 장부에 기록한다. "현금"은 좋은 것이기 때문에 회계에서 자산계정으로 차변에 기록한다. 차변은 좋은 내용을 기록한다.

자산계정: 현금, 외상매출금, 단기대여금, 상품, 비품, 건물, 차량운반구 등
부채계정: 외상매입금, 단기차입금, 미지급금 등
자본계정: 자본금
수익계정: 매출, 수수료수익, 이자수익 등
비용계정: 매출원가, 급여, 여비교통비, 수수료비용, 잡비 등

<분개의 예>

1) 현금 ₩1,000,000을 출자하여 개업하다.
2) 상품 ₩3,000,000을 외상으로 매입하다.
3) 월급 ₩200,000을 현금지급하다.
4) 원가 ₩150,000의 상품을 ₩200,000에 외상으로 매출하다.
5) 은행예금에 대한 이자 ₩50,000을 보통예금 이체 받다.
6) 은행 단기차입금 ₩500,000을 현금으로 갚다.

차 변		대 변	
현 금	1,000,000	자본금	1,000,000
(자산의 증가)		(자본의 증가)	
상 품	3,000,000	외상매입금	3,000,000
(자산의 발생)		(부채의 증가)	
급 여	200,000	현 금	200,000
(비용의 발생)		(자산의 감소)	
외상매출금	200,000	상 품	200,000
(자산의 증가)		(자산의 감소)	
보통예금	50,000	이자수익	50,000
(자산의 증가)		(수익의 실현)	
단기차입금	500,000	현 금	500,000
(부채의 감소)		(자산의 감소)	

2 거래의 8요소와 거래의 의미

가. 거래의 8요소

거래가 발생하면 아래의 그림과 같이 8개의 차변 요소와 대변 요소로 분리된다. 이것을 거래의 8요소라고 한다.

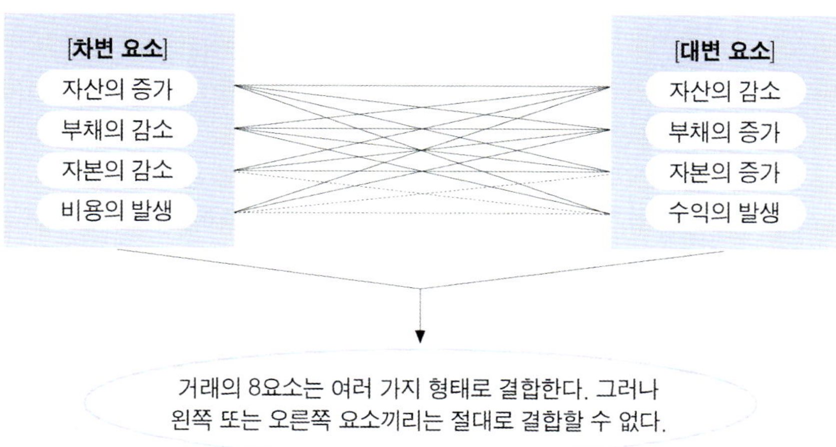

[그림 2-1] 거래의 8요소

나. 거래의 의미

기업이 영업활동을 하면 재산이 증가하기도 하고 감소하기도 한다.

회계상 거래란, 기업의 자산, 부채 및 자본에 증감 변화를 가져오는 일체의 현상을 말한다. 수익과 비용의 발생도 자본의 증감에 변화를 가져오므로 회계상의 거래가 된다.

그러나 일상생활에서 계약, 주문 등은 회계상 거래가 아니다. 왜냐하면, 계약이나 주문만으로는 자산, 부채, 자본의 증감변화가 발생되지 않기 때문이다. 하지만 계약금을 받으면 그 금액만큼 자산이 증가되므로 거래가 된다. 그리고 일상생활에서 화재나 도난 등으로 피해가 발생했을 때는 거래가 아니다. 그러나 회계에서는 자산의 가치가 감소되었기 때문에 거래이다.

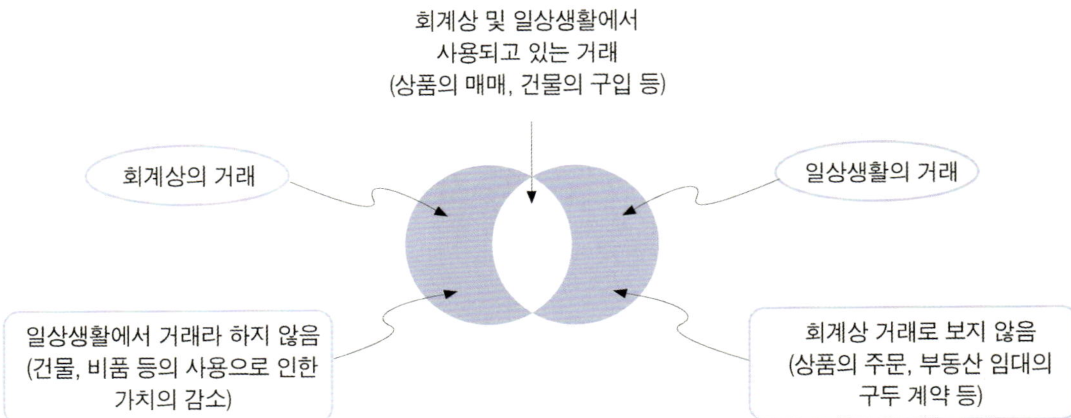

[그림 2-2] 일상생활의 거래와 회계상의 거래

다. 거래의 이중성과 대차평균의 원리

회사에서 사건(거래)이 발생하면 거래의 8요소에 의하여 반드시 차변 항목과 대변 항목이 동일한 금액으로 분개가 발생하는데, 이것을 거래의 이중성 또는 거래의 양면성이라고 한다.

또한 일정 기간의 모든 거래는 해당 계정으로 분개가 되고, 차변과 대변의 총합계액은 항상 일치하게 된다. 이것을 대차평균의 원리라고 한다.

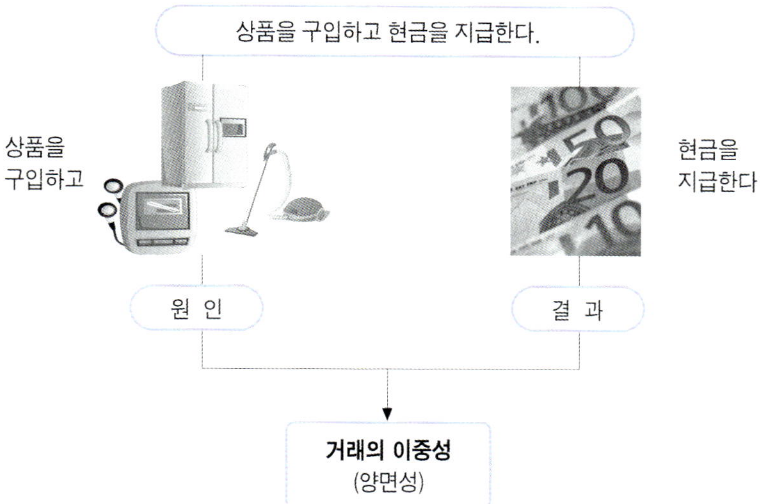

[그림 2-3] 거래의 이중성

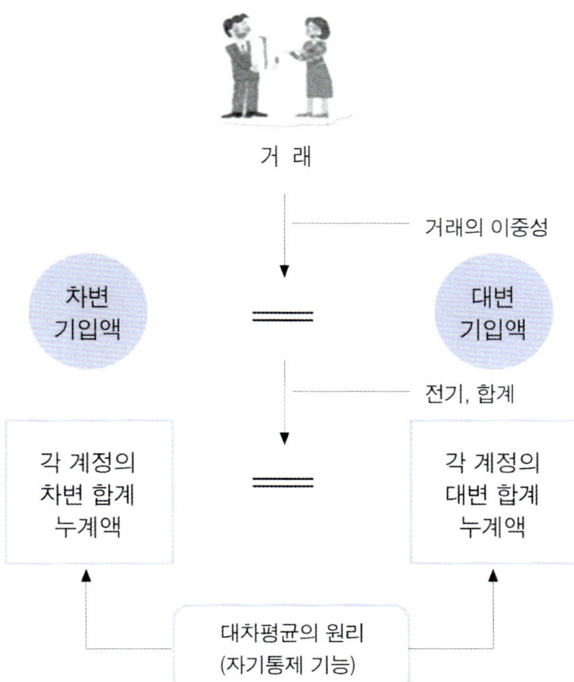

[그림 2-4] 대차평균의 원리

라. 거래의 종류

거래는 기업의 자산, 부채, 자본, 수익, 비용에 어떠한 변화를 주는가에 따라 교환거래, 손익거래, 혼합거래로 나눌 수 있다.

(1) 교환거래

거래의 내용이 자산, 부채, 자본에 증감 변화를 가져오지만 수익 또는 비용이 발생하지 않는 거래를 교환거래라 한다.

<분개의 예>

– 상품 ₩500,000을 매입하고 대금은 현금으로 지급하다.

(차) 상 품	500,000	(대) 현 금	500,000

(2) 손익거래

거래의 총액이 모두 수익 또는 비용이 발생하는 거래를 손익거래라 한다.

<분개의 예>

– 차입금에 대한 이자 ₩50,000을 현금으로 지급하다.

(차) 이자비용	50,000	(대) 현 금	50,000

(3) 혼합거래

하나의 거래에서 교환거래와 손익거래가 같이 발생하는 거래를 혼합거래라 한다.

<분개의 예>

– 대여금 ₩300,000과 그 이자 ₩30,000을 현금으로 수령하다.

(차) 현 금	330,000	(대) 대여금	300,000
		이자수익	30,000

마. 재산법과 손익법에 의한 순손익 계산

기업의 자산, 부채, 자본은 경영활동으로 증가 및 감소를 한다. 회계기간 초(시작)의 자본을 기초 자본이라 하고, 회계기간 말(끝)의 자본을 기말자본이라고 한다.

회계기간 동안에 순이익이 발생하면 기초자본에서 증가되어 기말자본이 된다. 순손실이 발생하면 기말자본이 순손실 금액만큼 감소한다. 식으로 나타내면 다음과 같다.

기말자본	−	기초자본	=	순이익
기초자본	−	기말자본	=	순손실

[그림 2-5] **재산법에 의한 순손익 계산**

기초자본과 기말자본을 비교하여 순손익을 계산하면, 순손익이 어떻게 해서 발생했는지에 대한 발생원인을 알 수 없다. 그러므로 일정 기간 동안의 수익 총액에서 비용총액을 비교하여 순손익을 산출한다.

수익총액	−	비용총액	=	순이익
비용총액	−	수익총액	=	순손실

[그림 2-6] **손익법에 의한 순손익 계산**

[예 제]

다음 자료에 의하여 재산법과 손익법에 의한 순손익을 계산하시오.

<자료>

1월 1일 : 현금 ₩4,000,000과 상품 ₩1,000,000을 출자하여 영업을 시작하다.

12월 31일 :	현 금	₩5,000,000	상 품	₩3,000,000	기계장치	₩1,000,000
	외상매입금	₩2,000,000	차입금	₩2,000,000	비 품	₩1,000,000

1월 1일부터 12월 31일 회계기간 중의 내용 :

이자비용	₩10,000	급 여	₩500,000	이자수익	₩200,000
잡이익	₩50,000	수도광열비	₩20,000	통신비	₩10,000
광고선전비	₩100,000	보험료	₩60,000	상품매출이익	₩1,500,000
접대비	₩50,000				

해답 **재산법** : 기초자산−기초부채=기초자본

(4,000,000+1,000,000)−0=5,000,000

기말자산−기말부채=기말자본

(5,000,000+3,000,000+1,000,000+100,000)−(2,000,000+2,000,000)=6,000,000

따라서 기말자본−기초자본 = 순이익

6,000,000−5,000,000=1,000,000

손익법 : 수익총액 − 비용총액 = 순이익
(1,500,000 + 200,000 + 50,000) − (10,000 + 500,000 + 50,000 + 20,000 + 10,000 + 100,000 + 60,000) = 1,000,000

3 회사가 1년 동안 사업한 최종 성적표는 재무상태표와 손익계산서에 기록

여러분은 고등학교 시절 중간·기말고사가 끝나면 최종 성적표를 받게 된다. 이와 마찬가지로 회사에서도 1년 동안에 기업을 운영한 결과를 재무상태표, 손익계산서라는 최종 성적표에 종합하여 발표한다. 결국, 기업이 매일 거래한 내용이 분개로 차변과 대변에 표시되고 이 거래분개내용이 종합되어 재무상태표, 손익계산서 등에 최종 정리되는 것이다.

재무상태표는 일정시점(일반적으로 12월 31일)의 기업의 자산, 부채, 자본 등에 관한 재무상태를 나타내는 표를 말한다.

손익계산서는 일정기간(일반적으로 1월 1일부터 12월 31일까지)의 기업의 수익, 비용 등에 관한 경영성과를 나타내는 표를 말한다.

〈표 2-1〉 재무상태표와 손익계산서 비교

재무상태표	재무상태	일정시점	정태적	재고(stock)	20×년 12월 31일 현재
손익계산서	경영성과	일정기간	동태적	흐름(flow)	20×년 1월 1일부터 20×년 12월 31일까지

〈표 2-1〉 실제 기업의 재무상태표와 손익계산서

제61기 결산공고

(재무상태표)

2016년 12월 31일 현재 (단위 : 원)

계정과목	금액	계정과목	금액
자 산		부 채	
I. 유동자산		I. 유동부채	
1. 현금및현금성자산	4,901,791,728	1. 매입채무및기타채무	52,214,884,068
2. 기타금융자산	9,901,144,129	2. 차입금	75,693,509,044
3. 매출채권및기타채권	157,927,390,843	3. 기타금융부채	2,464,612,697
4. 기타유동자산	2,201,819,711	4. 당기법인세부채	2,252,870,642
5. 재고자산	96,693,257,476	5. 기타유동부채	6,332,912,990
유동자산 합계	**271,625,403,887**	**유동부채 합계**	**138,958,789,441**
II. 비유동자산		II. 비유동부채	
1. 매도가능금융자산	1,260,572,164	1. 차입금	526,950,000
2. 종속기업투자	45,727,412,340	2. 확정급여부채	(-)951,285,171
3. 관계기업투자	19,988,501,434	3. 이연법인세부채	29,075,294,268
4. 투자부동산	3,177,990,940	**비유동부채 합계**	**28,650,959,097**
5. 유형자산	310,557,446,264	**부채 총계**	**167,609,748,538**
6. 무형자산	994,945,728		
7. 기타금융자산	1,886,144,495	자 본	
8. 기타비유동자산	3,787,323,491	I. 자본금	**25,024,745,000**
비유동자산 합계	**387,380,336,856**	II. 자본잉여금	**32,360,901,305**
		III. 자본조정	**(-)2,442,031,860**
		IV. 기타포괄손익누계액	**682,417,505**
		V. 이익잉여금	**435,769,960,255**
		자본 총계	**491,395,992,205**
자산 총계	**659,005,740,743**	**부채 및 자본 총계**	**659,005,740,743**

연결 손익계산서

제 45 기 2013.01.01 부터 2013.12.31 까지

제 44 기 2012.01.01 부터 2012.12.31 까지

제 43 기 2011.01.01 부터 2011.12.31 까지

(단위 : 백만원)

	제 45 기	제 44 기	제 43 기
수익(매출액)	228,692,667	201,103,613	165,001,771
매출원가	137,696,309	126,651,931	112,145,120
매출총이익	90,996,358	74,451,682	52,856,651
판매비와관리비	54,211,345	45,402,344	37,212,360
영업이익(손실)	36,785,013	29,049,338	15,644,291
기타수익	2,429,551	1,552,969	2,251,019
기타비용	1,614,048	1,576,025	1,612,690
지분법이익	504,063	986,611	1,399,194
금융수익	8,014,672	7,836,554	7,403,525
금융비용	7,754,972	7,934,450	7,893,421
법인세비용차감전순이익(손실)	38,364,279	29,915,017	17,191,918
법인세비용	7,889,515	6,069,732	3,432,875
계속영업이익(손실)	30,474,764	23,845,285	13,759,043
당기순이익(손실)	30,474,764	23,845,285	13,759,043
당기순이익(손실)의 귀속			
지배기업의 소유주에게 귀속되는 당기순이익(손실)	29,821,215	23,185,375	13,382,645
비지배지분에 귀속되는 당기	653,549	659,910	376,398

4 회계단위와 회계연도

회계장부 작성을 하는 대상은 기업이다. 따라서 회계장부의 기록·계산의 범위는 기업에 한정한다. 이와 같이, 회계에 있어서 기록·계산의 범위를 회계 단위(accounting unit)라고 한다. 일반적으로 한 기업의 회계단위는 한라 주식회사, 흥양 마켓 등과 같이 기업 전체가 된다. 하지만 본점과 지점, 본사와 지사가 있는 경우에는 각각 독립된 하나의 회계단위로 나누어 기장하기도 한다.

기업의 활동은 영업을 시작하는 날부터 폐업하는 날까지 계속적으로 이루어진다. 하지만 기업의 모든 재산을 폐업 시에 한꺼번에 계산한다는 것은 회사가 잘 되고 있는지 안되고 있는지를 파악할 수가 없다. 그리하여 1년 또는 6개월로 일정기간마다 재무상태와 경영성과를 분석하는 것이 필요하다. 이와 같이, 인위적으로 설정하는 기간을 회계 기간(accounting period)이라 하며, 회계기간이 1년일 때에는 회계연도(fiscal year, FY)라고 한다.

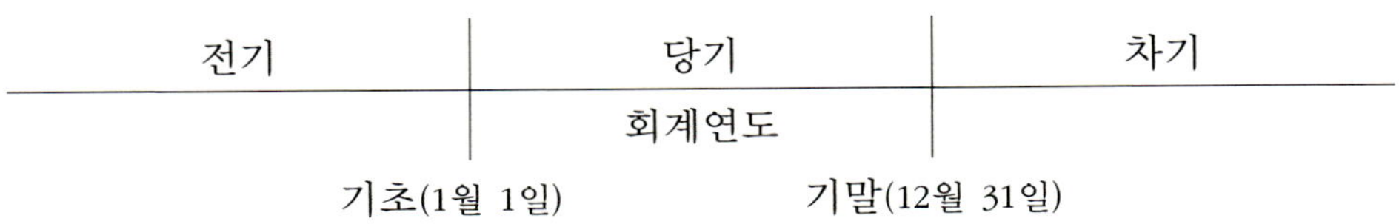

기초 : 회계연도가 시작되는 날

기말 : 회계연도가 끝나는 날=결산일

전기 : 직전 회계연도

당기 : 현재 회계연도

차기 : 다음 회계연도

이월 : 다음 회계연도로 넘기는 것

전기이월 : 전기 기말에서 당기 기초로 넘어오는 것

차기이월 : 당기 기말에서 차기 기초로 넘어가는 것

회계실무 참고사항

① 장부에 줄을 그을 때에는 붉은색으로 긋는다.
② 문자나 숫자의 크기는 줄 사이 간격의 2/3 또는 1/2 정도의 크기로 쓴다.
③ 장부에 여백이 있는 경우에는 적요란에 빗금을 긋는다.
④ 문자를 잘못 기입하였을 때에는 틀린 문자마을 고쳐 쓰고, 숫자는 한 자만 틀려도 그 전부를 고쳐 쓴다. 그 요령은 정정 부분에 붉은색으로 두 선을 긋고, 정정인을 찍은 후, 그 위에 올바른 문자나 숫자를 기입한다.

· 문자의 정정

출
외상매~~입~~금

· 숫자의 정정

₩360,000이 아니라 ₩370,000일 때,

~~₩360,000~~ → ₩370,000으로 나타냄.

장부 기입을 간단히 하기 위한 기호

· ₩ : 원　· V : 대조필　· # : 번호　· Dr. : 차변
· @ : 단가　· 〃 : 위와 같음　· a/c : 계정　· Cr. : 대변

연습문제

01. 다음 거래를 분개하시오.

가. 현금 ₩500,000과 비품 ₩200,000을 출자하여 영업을 개시하다.
나. 대여금 ₩300,000과 이자 ₩30,000을 현금으로 받다.
다. 외상매입금 ₩200,000을 현금으로 지급하다.
라. 상품 ₩1,000,000을 외상으로 매출하다.
마. 직원에게 ₩250,000의 월급을 현금으로 지급하다.
바. 상품매매를 중개해준 대가로 수수료 ₩10,000을 현금으로 지급하다.

해답

	(차)		(대)	
가.	현 금	500,000	자본금	700,000
	비 품	200,000		
나.	현 금	330,000	대여금	300,000
			이자수익	30,000
다.	외상매입금	200,000	현 금	200,000
라.	외상매출금	1,000,000	상 품	1,000,000
마.	급 여	250,000	현 금	250,000
바.	지급수수료	10,000	현 금	10,000

02. 다음 계정과목의 잔액은 어느 변에 생기는지 (　　)에 쓰시오.

가. 차 입 금 (　　)	나. 자 본 금 (　　)	다. 수수료 비용 (　　)
라. 외상매출금 (　　)	마. 현 금 (　　)	바. 매 출 원 가 (　　)
사. 외상매입금 (　　)	아. 건 물 (　　)	카. 임 대 료 (　　)

해답 가. 대 나. 대 다. 차 라. 차 마. 차 바. 차 사. 대 아. 차 카. 대

03. 회계 단위에 대한 설명으로 가장 옳은 것은?

① 기업의 장부 정리는 본점에서만 한다.
② 기업이 인위적으로 기간을 정한 것이다.
③ 재무상태와 경영성과를 파악하기 위한 기간이다.
④ 재산의 증감 변화를 기록·계산하는 장소적 범위이다.

해답 ④

04. 회계기간에 대한 설명으로 가장 옳은 것은?

① 기업이 설립하여 폐업할 때까지의 기간을 말한다.

② 기업의 경영활동을 기록, 계산하기 위한 시간적 구분이다.

③ 기업의 경영활동을 기록, 계산하기 위한 장소적 구분이다.

④ 기업이 설립할 때 투자한 자본을 회수할 때까지의 기간을 말한다.

해답 ②

05. 다음은 ㈜○○기업의 회계규정 중 일부이다. 밑줄 친 (가)와 (나)에 대한 회계 용어를 바르게 나타낸 것은?

제 ○ 조 [결산보고서의 제출] (가) 각 사업장은 매년 (나) 1월 1일부터 12월 31일까지의 회계 처리 결과를 자료로 대차대조표, 손익계산서, 부속명세서 등의 결산보고서를 작성하여 다음 달 15일까지 본사 회계 담당부서장에게 제출하여야 한다.

	(가)	(나)		(가)	(나)
①	회계단위	회계기간	②	회계기간	회계단위
③	계　정	계정과목	④	계정과목	계　정

해답 ①

06. 다음 중 자산에 속하는 항목만으로 바르게 묶인 것은?

① 현금, 외상매입금　　② 외상매출금, 단기차입금

③ 건물, 상품매출이익　　④ 건물, 외상매출금

해답 ④

07. 다음 중 회계상의 거래라고 할 수 있는 것은?

① 상품 ₩400,000을 매입하고, 대금은 1개월 후에 지급하기로 하다.

② 거래처로부터 상품 ₩300,000의 주문을 받다.

③ 사무실 1칸을 월세 ₩800,000에 빌려 쓰기로 약속하다.

④ 월 급여 ₩700,000을 지급하기로 하고, 직원 1명을 채용하다.

해답 ①

08. 다음 중 거래요소의 결합관계가 잘못 연결된 것은?

① 자산의 증가−자산의 감소 ② 부채의 감소−자산의 감소
③ 자산의 감소−부채의 증가 ④ 비용의 발생−자산의 감소

해답 ③

09. 다음 거래에 대한 거래요소의 결합 관계를 바르게 나타낸 것은?

거래처로부터 현금 ₩500,000을 차입하고, 2개월 후에 갚기로 하다.

	(차변요소)		(대변요소)		(차변요소)		(대변요소)
①	자산의 증가	−	부채의 증가	②	자산의 증가	−	자산의 감소
③	자산의 증가	−	자본의 증가	④	부채의 감소	−	자산의 감소

해답 ①

10. 다음 분개에 대한 거래의 추정으로 옳은 것은?

(차변) 외상매입금 50,000	(대변) 현 금 50,000

① 비품 ₩50,000을 외상으로 판매하다.
② 상품 ₩50,000을 외상으로 판매하다.
③ 상품 ₩50,000을 매출하고 대금은 현금으로 받다.
④ 외상으로 매입한 상품 대금 ₩50,000을 현금으로 지급하다.

해답 ④

11. 다음 거래의 유형 중 혼합거래에 해당하는 것은? <제81회 전산회계 기출>

① 상품 500,000원을 매입하고 대금은 현금으로 지급하다.
② 상품 700,000원을 매출하고 대금 중 500,000원은 현금으로 받고 잔액은 외상으로 하다.
③ 8월분 직원 급여 2,000,000원을 보통예금에서 계좌이체하다.
④ 단기차입금 500,000원과 이자 30,000원을 현금으로 상환하다.

해답 ④ 혼합거래는 한쪽 금액 일부가 수익 또는 비용인 거래를 의미한다.

12. 다음 중 상품을 외상 및 어음으로 매입, 매출시 발생하는 계정과목이 아닌 것은?

<제81회 전산회계 기출>

① 외상매출금 ② 외상매입금

③ 받을어음 ④ 미지급금

해답 ④

① 외상매출금은 상품을 외상으로 매출한 경우 사용하는 계정

② 외상매입금은 상품을 외상으로 매입하고 사용하는 계정

③ 받을어음은 상품을 외상으로 매출하고 약속어음을 받은 경우 사용하는 계정

④ 미지급금은 재고자산 이외의 물품을 구매하고 대금을 나중에 지급하는 경우 사용하는 계정

13. 결합관계를 적절하게 나타내지 않은 것은? <제79회 전산회계 기출>

거래내용	거래요소의 결합관계
① 대여금에 대한 이자를 현금으로 받다.	자산의 증가 – 자산의 감소
② 외상매입금을 약속어음으로 발행하여 지급하다.	부채의 감소 – 부채의 증가
③ 업무용 컴퓨터를 현금으로 매입하다.	자산의 증가 – 자산의 감소
④ 이번 달 전화요금이 보통예금에서 이체되다.	비용의 발생 – 자산의 감소

해답 ① 대여금에 대한 이자를 받았을 때 계정은 이자수익(수익의 발생)으로 처리해야 한다.

14. 그림의 (가)에 들어갈 금액으로 옳은 것은? <제79회 전산회계 기출>

2018년		
기초자산 15,000원	총수익 (가)	기말자산 15,000원
기초부채 10,000원	총비용 4,000원	기말부채 7,000원

① 1,000원 ② 7,000원 ③ 8,000원 ④ 12,000원

해답 ② 기초자산 15,000원 – 기초부채 10,000원 = 기초자본 5,000원

기말자산 15,000원 – 기말부채 7,000원 = 기말자본 8,000원

기말자본 8,000원 – 기초자본 5,000 = 순이익 3,000원

총수익 (가) – 총비용 4,000원 = 순이익 3,000원

15. 다음 자료에 의한 기말부채(가)와 기말자본금(나)을 계산하면 얼마인가?

<제80회 전산회계 기출>

기초자산 : 500,000원	기말자산 : 800,000원	
기초부채 : 200,000원	총 수 익 : 1,000,000원	총비용 : 700,000원

① (가) 300,000원 (나) 400,000원
② (가) 200,000원 (나) 600,000원
③ (가) 400,000원 (나) 300,000원
④ (가) 600,000원 (나) 200,000원

해답 ② 총수익－총비용＝당기순이익, 기말자본－기초자본＝당기순이익,
기초자산－기초부채＝기초자본, 기말자산－기말부채＝기말자본

16. 회계거래에 해당하지 않는 것은? <제16회 주택관리사 기출문제>

① 공동주택의 관리용역에 대한 계약을 체결하고 계약금 ₩100을 수령하였다.
② 본사창고에 보관 중인 ₩100 상당의 제품이 도난되었다.
③ 지하주차장 도장공사를 하고 대금 ₩100은 1개월 후에 지급하기로 하였다.
④ ₩100 상당의 상품을 구입하기 위해 주문서를 발송하였다.

해답 ④ 회계상의 거래는 '자산·부채·자본'의 증감변화가 일어나야 한다. 주문서 발송 자체는 아직까지 재산의 변동이 없으므로, 회계상의 거래가 아니다.

17. 회계거래에 해당되지 않는 것은? <제18회 주택관리사 기출문제>

① 기숙사에 설치된 시설물 ₩1,000,000을 도난당하다.
② 원가 ₩1,300,000의 상품을 현금 ₩1,000,000에 판매하다.
③ 이자 ₩500,000을 현금으로 지급하다.
④ 직원과 월급 ₩2,000,000에 고용계약을 체결하다.

해답 ④ 거래란 자산·부채·자본의 증감변화가 일어난 것을 말하는데, 직원(사람)은 금액을 신뢰성 있게 측정할 수 없기 때문에 '자산·부채·자본' 중 아무것에도 해당하지 않는다.

18. 회계상 거래가 아닌 것은? <제19회 주택관리사 기출문제>

① 거래처의 부도로 인하여 매출채권 회수가 불가능하게 되었다.
② 임대수익이 발생하였으나 현금으로 수취하지는 못하였다.
③ 기존 차입금에 대하여 금융기관의 요구로 부동산을 담보로 제공하였다.
④ 재고자산 실사결과 기말재고 수량이 장부상 수량보다 부족한 것을 확인하였다.

해답 ③ 담보제공 자체만으로는 자산·부채·자본의 증감변화가 일어나지 않았으므로, 회계상의 거래가 아니다.

19. 자산을 증가시키는 거래에 해당되지 않는 것은? <제18회 주택관리사 기출문제>

① 비품을 외상으로 구입하다.

② 차입금 상환을 면제받다.

③ 주주로부터 현금을 출자받다.

④ 은행으로부터 현금을 차입하다.

해답 ②는 '부채의 감소, 자본의 증가, 수익의 발생'에 해당되는 거래이다.

20. 다음 자료는 M회사의 자료이다. 기초부채는?

기초자산총액 : ₩85,000	기말자산총액 : ₩72,000	기말부채총액 : ₩30,000
총 수 익 : ₩60,000	총 비 용 : ₩68,000	

① 42,000원 ② 35,000원 ③ 43,000원 ④ 30,000원

해답 ② 기말자본 42,000=기말자산 72,000−기말부채 30,000
순손익 -8,000=총수익 60,000−총비용 68,000
기초자본 50,000=기말자본 42,000+순손실 8,000
따라서 기초부채 35,000=85,000−50,000

21. 다음 항목에 의하여 자본금을 계산하면 얼마인가?

현 금 : ₩500,000	매출채권 : ₩200,000	상 품 : ₩70,000
비 품 : ₩1,000,000	매입채무 : ₩200,000	차입금 : ₩50,000

① 170,000원 ② 180,000원 ③ 190,000원 ④ 200,000원

해답 ① 자산−부채=자본

22. 자산의 종류가 아닌 것은?

① 현금과예금 ② 건 물 ③ 외상매출금 ④ 선수금

해답 ④ 선수금은 부채이다.

23. 부채의 종류들로 짝지어진 것은?

① 당좌예금과 외상매입금 ② 외상매출금과 자본금

③ 지급어음과 단기차입금 ④ 차량운반구와 토지

해답 ③

24. 자본에 대해 바르게 설명한 것은?

① 기업이 장래 일정한 금액을 타인에게 지급해야 할 채무를 말한다.

② 기업이 소유하고 있는 각종의 재화와 채권을 말한다.

③ 기업의 자산 총액에서 부채총액을 차감한 잔액을 말한다.

④ 기업에 투자한 채권을 말한다.

해답 ③

25. 수익총액이 ₩294,000, 비용총액이 ₩230,000일 때, 기초자본액이 ₩490,000이라면 기말자본액은 얼마인가?

① 554,000원 ② 490,000원 ③ 294,000원 ④ 230,000원

해답 ① 기말자본=기초자본+순이익
순이익=총수익−총비용
294,000−230,000=(x −490,000)이 된다.
따라서 기말자본액 x =554,000

26. 다음 중 틀린 것은?

① 기말자산+순손실=기말부채+기초자본

② 자산−부채=자본

③ 비용총액+순이익=총수익

④ 수익총액+순손실=총수익

해답 ④

27. 다음 "계정"의 정의에 대해 틀린 것을 고르시오.

① 부채란 기업이 제3자에 대하여 장래에 일정한 금액을 갚아야 할 금전상의 채무를 말한다.

② 자산이란 한 기업이 소유하고 있는 유형, 무형의 것으로 기업활동에 유용한 경

제적 가치 및 용역잠재력으로서 그 가치가 일반적으로 인정된 화폐로서, 계산되는 가치가 있는 재화와 채권을 통틀어 자산이라 한다.

③ 수익이란 영업기간 중 영업활동의 과정에서 상품의 매입액에 따라 얻어지는 경제제가치로 자기자본을 증가시키는 이익을 말한다.

④ 비용이란 경영활동의 결과로 기간손익계산에 있어서 자본의 감소를 가져오게 하는 현상을 말한다.

해답 ③ 수익이란 상품의 매입액에 따라 얻어지는 경제가치가 아니라 매출액에 따라 얻어지는 것이다.

28. 다음 자료에 의하여 재산법에 의한 당기순이익을 계산하면?

기말자산 : ₩5,000,000	기초자산 : ₩3,100,000	기말부채 : ₩1,400,000

① 500,000원 ② 550,000원 ③ 600,000원 ④ 650,000원

해답 ① 기말자산 500,000－기말부채 1,400,000＝기말자본 3,600,000
기말자본 3,600,000－기초자본 3,100,000＝순이익 500,000

29. 다음 중 당기순손익을 계산하는 등식으로 옳은 것은?

① 기말자산－기말부채

② (기말자산－기말부채)－기초자본

③ (자산＋총비용)－(부채＋자본)

④ 기말자산－기초자본

해답 ② 재산법: 기말자본－기초자본＝당기순이익, 기초자본－기말자본＝당기순손실
손익법: 총수익－총비용＝당기순이익, 총비용－총수익＝당기순손실

30. 다음 중 회계상 거래에 해당하는 것은?

① 거래처로부터 추가 주문을 받다.

② 건물 ₩100,000의 임차계약을 맺다.

③ 재고조사해 본 결과 파손품이 ₩10,000 발견되었다.

④ 상품 ₩50,000 주문하기를 약속하다.

해답 ③

31. 다음 중 회계상 거래가 아닌 것은?
① 영업용 건물에 대한 임대계약을 체결하고 임대보증금을 지급하다.
② 장부상 상품 재고액이 ₩56,000이나 실제 재고액은 ₩50,000이다.
③ 자기앞 수표 ₩100,000을 만원권으로 교환하다.
④ 수표를 발행하여 현금 ₩400,000을 인출하다.

해답 ③

32. 우리 상회에서 상품 ₩100,000을 매입하고, 대금은 현금으로 지급하다. 의 거래 내용에 대한 구성이 맞는 것은?
① 자산의 증가－자본의 증가 ② 부채의 감소－자산의 감소
③ 자산의 증가－자산의 감소 ④ 부채의 감소－부채의 증가

해답 ③

33. 거래가 반드시 어느 계정 차변과 다른 계정 대변에 동액이 기재되는 것은?
① 동일성 ② 8요소 ③ 이질성 ④ 이중성

해답 ④

34. 계정 전체로 보면 차변 금액의 합계와 대변 금액의 합계액은 반드시 일치한다고 하는 것은?
① 대차평균의 원리 ② 거래의 8요소
③ 거래의 이중성 ④ 계정기입의 법칙

해답 ①

35. 다음 중 혼합거래인 것은?
① 상품을 외상매입하다.
② 현금을 분실하다.
③ 차입금 및 그 이자를 현금으로 지급하다.
④ 화재로 인해 건물이 소실되다.

해답 ③

36. 다음 중 혼합거래인 것은?

① 상품 ₩50,000(원가 ₩40,000)을 외상매출하다.

② 소모품 ₩10,000을 현금매입하다.

③ 수수료 ₩5,000을 현금지급하다.

④ 장부가 ₩100,000의 주식을 ₩150,000에 현금매각하다.

해답 ④ ①은 손익거래, ②는 교환거래, ③은 손익거래

37. 다음 중 손손익의 계산방법으로 옳은 것은?

① 기말자본－기말부채 ② 기말자산＋기말부채

③ 기말자산－기초자본 ④ 기말자본－기초자본

해답 ④

38. 다음 중 거래의 8요소 중 틀린 것은?

① 자산증가－자산감소 ② 부채감소－부채증가

③ 자본감소－자본증가 ④ 수익발생－비용발생

해답 ④

39. 다음 중 재무상태표 등식으로 맞는 것은?

① 자산＝자본－부채 ② 자산－부채＝자본

③ 자산＝부채＋자본 ④ 자산＋부채＝자본

해답 ③

40. 다음 중 시산표 등식은?

① 기말자산＋총비용＋순이익＝기말부채＋기말자본＋총이익

② 기말자산＋총비용＝기말부채＋기초자본＋총수익

③ 기말자산＋총비용＋순이익＝기초부채＋기초자본＋총이익

④ 기말자산＋총비용＝기말부채＋기발자본＋총수익

해답 ②

제 3 장

재무상태표와 손익계산서

1. 재무제표의 종류
2. 재무상태표
3. 포괄손익계산서

1 재무제표의 종류

재무제표(financial statement: F/S)는 기업에서 외부 회계정보이용자들에게 경제적 의사결정에 유용한 정보를 제공하기 위해서 작성되는 보고서이다. 그 보고서에는 기업의 재무상태, 경영성과, 현금흐름 등에 관한 정보가 포함되어 있다. 재무제표에는 재무상태표, 포괄손익계산서, 현금흐름표, 자본변동표 및 주석 등이 있다.

이 장에서는 회계를 처음 접하는 학생을 대상으로 하기 때문에 재무제표 중에서 재무상태표와 포괄손익계산서의 기초부분에 대하여만 설명한다.

2 재무상태표

재무상태표는 일정시점의 기업의 재무상태를 나타내는 표를 말한다. 재무상태표는 회사의 영업활동기간을 6개월, 1년 등으로 나눈 회계기간의 종료시점에 작성된다. 따라서 일정시점을 표시하는 날짜가 표시되어진다. 재무상태표는 자산, 부채, 자본으로 구성된다. 재무상태표의 양식에는 계정식과 보고식이 있다.

재무상태표의 기본구조(계정식)

<table>
<tr><td rowspan="2">자 산</td><td>부 채</td></tr>
<tr><td>자 본</td></tr>
</table>

재무상태표는 <표 3-1>과 같다. 회계기준에서는 보고식을 원칙으로 하고 있지만, 이 책에서는 학생들의 강의 편의상 계정식을 사용한다.

〈표 3-1〉 재무상태표(계정식)

(주)한라 20XX년 12월 31일 현재 단위: 백만원

자 산		부 채	
현 금	1,000	매입채무	800
매 출 채 권	500	차 입 금	200
상 품	700	사 채	100
비 품	300	부채총계	1,100
소 모 품	100		
건 물	1,000	자 본	
토 지	1,000	자 본 금	3,000
차량운반구	400	자본잉여금	600
		이익잉여금	300
		자본총계	3,900
자산총계	5,000	부채와 자본총계	5,000

가. 자 산

기업이 보유하고 있는 경제적 자원(economic resources)을 말한다. 위의 <표 3-1>에서 보는 바와 같이, (주)한라는 현금, 매출채권, 상품 … 등의 다양한 경제적 자원을 보유하고 있는 것이다.

나. 부 채

기업이 부담하고 있는 경제적 의무(economic obligations)를 말한다. 예를 들어, 기업이 은행으로부터 대출을 받아 온다면 <표 3-1>에서 보는 바와 같이, 차입금으로 기록한다. 이것은 기업이 갚아야 할 부담이 되는 것이다.

다. 자 본

기업의 자산에 대한 소유주의 청구권(owners' equity)을 말한다. 기업의 소유주(주주)는 회사에 자금을 출자할 것이고, 회사는 그 돈으로 자산을 구입한다. 따라서 자산을

기업 소유주 것이 될 것이다. 여기서 자본금은 소유주(주주)가 출자한 금액을 말한다.

<표 3-1>에서 보는 바와 같이, 자산총금액(5,000)은 부채총액(1,100)과 자본총액(3,900)의 합계와 같다. 이러한 관계를 등식으로 표현한 것을 재무상태표등식 또는 회계등식이라고 한다.

재무상태표등식 또는 회계등식 : 자 산 = 부 채 + 자 본

3 포괄손익계산서

포괄손익계산서는 일정기간의 기업 경영성과를 나타내는 표를 말한다. 포괄손익계산서는 비용과 수익으로 구성된다.

가. 수 익

수익은 기업에서 재화의 판매, 용역의 제공 등의 대가로 발생하는 자산의 유입이다. 대표적인 예로는 매출액을 말한다.

나. 비 용

비용은 기업에서 재화의 판매, 용역의 제공 등에 따라 발생하는 자산의 유출이나 사용이다. 매출원가, 급여, 소모품비, 감가상각비, 이자비용, 법인세비용 등이 있다.

〈표 3-2〉 **포괄손익계산서(보고식)**

(주)한라	20××년 1월 1일부터 20××년 1월 1일까지	단위: 백만원
수 익 :	매출액	2,000
비 용 :	매출원가	1,600
	복리후생비	50
	소모품비	10
	급 여	100
	감가상각비	30
	이자비용	10
	법인세비용	50
당기순이익		150
기타포괄손익 :	자산재평가차익	50
총포괄이익		100

회계기준에서는 손익계산서 양식은 보고식이 원칙이다. 하지만 학생들의 강의편의상 계정식을 사용하기도 한다.

위의 <표 3−2>를 정리하면 다음과 같은 산식이 성립된다.

> 수 익 − 비 용 = 당기순이익 : 손익계산서 등식
>
> 당기순이익 ± 기타포괄손익 = 총포괄손익

<표 3−2>에서 기타포괄손익은 당기순이익의 산정에 포함시키지 않는 손익을 말한다. 우리나라 상장기업들이 적용하는 "한국채택국제회계기준(K−IFRS)에서는 토지, 건물 등에 대한 자산재평가차익을 기타포괄손익 중의 하나로 규정하고 있다. 기타포괄손익은 기업의 주된 영업활동과는 무관하게 발생한 것이기 때문에 당기순이익과 구별하고 있는 것이다. 총포괄이익은 순이익을 포함한 모든 원천에서 일어난 자본의 변동을 나타낸다.

연습문제

01. 다음 자료에 의하여 자산, 부채, 자본의 각 금액을 구하시오.

<자료>

현 금	₩500,000	건 물	₩3,000,000	외상매출금	₩1,000,000
받을어음	₩200,000	외상매입금	₩1,800,000	지 급 어 음	₩2,000,000
상 품	₩1,500,000	차 입 금	₩400,000		

해답 자산=현금+건물+외상매출금+받을어음+상품
=500,000+3,000,000+1,000,000+200,000+1,500,000
=6,200,000
부채=외상매입금+지급어음+차입금
=1,800,000+2,000,000+400,000
=4,200,000
자본=자산−부채=6,200,000−4,200,000=2,000,000

02. 다음 자료에 의하여 재무상태표를 작성하시오.

<자료>

현 금	₩5,000,000	상 품	₩4,000,000	외상매출금	₩300,000
건 물	₩10,000,000	외상매입금	₩200,000	지 급 어 음	₩700,000
차 입 금	₩100,000	자 본 금	₩1,000,000		

해답

재무상태표

현 금	5,000,000	외상매입금	200,000
상 품	4,000,000	차입금	100,000
외상매출금	300,000	지급어음	700,000
건 물	10,000,000	자본금	1,000,000
		당기순이익	17,300,000
자산총계	19,300,000		19,300,000

03. 다음 자료에 의하여 자본금을 계산하면 얼마인가?

<자료>

현금	₩600,000	건물	₩1,000,000	외상매출금	₩500,000
단기차입금	₩300,000	지급어음	₩700,000	외상매입금	₩300,000

해답 자산=600,000+1,000,000+500,000=2,100,000
부채=300,000+700,000+300,000=1,300,000
자본=2,100,000−1,300,000=800,000

04. 재무제표와 관련된 설명으로 옳지 않은 것은? <9급 세무직 공무원>

① 재무상태표는 일정시점 현재 기업실체가 보유하고 있는 경제적 자원인 자산과 경제적 의무인 부채, 그리고 자본에 대한 정보를 제공하는 재무보고서이다.

② 손익계산서는 일정기간 동안 기업실체의 경영성과에 대한 정보를 제공하는 재무보고서이다.

③ 현금흐름표는 일정시점의 기업실체에 대한 현금유입과 현금유출에 대한 내용을 제공하므로 기업실체의 미래현금흐름을 전망하는 데 충분한 정보를 제공하지 못한다.

④ 자본변동표는 기업실체에 대한 자본의 크기와 그 변동에 관한 정보를 제공하는 재무보고서로서 소유주의 투자와 소유주에 대한 분배, 그리고 포괄손익에 대한 정보를 포함한다.

해답 ③ 현금흐름표는 회계기간 중에 발생한 현금의 유입과 유출에 대한 정보를 제공하므로 미래의 현금흐름을 전망하는 데 유용하다.

05. 수익에 관한 설명으로 옳지 않은 것은? <제13회 주택관리사 기출문제>

① 수익의 발생에 따라 자산이 수취되거나 증가될 수 있다.

② 수익은 부채의 상환에 따라 발생할 수도 있다.

③ 수익은 고객에게 약속한 재화나 용역을 이전하고 그 대가로 기업이 받을 권리를 갖게 될 것으로 예상하는 금액으로 측정한다.

④ 자본참여자에 의한 출자는 수익의 정의를 충족한다.

해답 ④ 수익은 자본참여자의 출자관련 증가분을 제외한 자본의 증가를 수반하는 것으로서 회계기간의 통상적인 활동에서 발생하는 경제적 효익의 총유입이다.

06. 전체 재무제표에 포함되지 않는 것은? <제16회 주택관리사 기출문제>

① 기말 재무상태표 ② 기간 포괄손익계산서

③ 기간 자본변동표 ④ 기간 제조원가명세서

해답 ④

[재무제표]

① 기말 재무상태표

② 기간 포괄손익계산서

③ 기간 자본변동표

④ 기간 현금흐름표

⑤ 주석(유의적인 회계정책의 요약 및 그 밖의 설명으로 구성)

07. 자산, 부채 및 자본에 관한 설명으로 옳지 않은 것은? <제16회 주택관리사 기출문제>

① 자산은 과거 사건의 결과로 기업이 통제하고 있고 미래경제적 효익이 기업에 유입될 것으로 기대되는 자원이다.

② 부채는 과거 사건에 의하여 발생하였으며 경제적 효익을 갖는 자원이 기업으로부터 유출됨으로써 이행될 것으로 기대되는 과거의무이다.

③ 자본은 기업의 자산에서 부채를 차감한 후의 잔여지분이다.

④ 자본은 주식회사의 경우 소유주가 출연한 자본, 이익잉여금, 이익잉여금 처분에 의한 적립금, 자본유지조정을 나타내는 적립금 등으로 구분하여 표시할 수 있다.

해답 ② 부채는 과거 사건에 의하여 발생하였으며 경제적 효익을 갖는 자원이 기업으로부터 유출됨으로써 이행될 것으로 기대되는 '현재의무'이다.

08. 재무제표 표시에 관한 설명으로 옳지 않은 것은? <제17회 주택관리사 기출문제>

① 재무제표의 목적은 정보이용자의 경제적 의사결정에 유용한 정보를 제공하는 것이다.

② 부적절한 회계정책은 이에 대하여 공시나 주석 또는 보충 자료를 통해 설명함으로써 정당화될 수 있다.

③ 재무제표에 인식되는 금액은 추정이나 판단에 의한 정보를 포함한다.

④ 당기 재무제표를 이해하는 데 목적적합하다면 서술형 정보의 경우에도 비교정보를 포함한다.

해답 ② 부적절한 회계정책은 이에 대하여 공시나 주석 또는 보충자료를 통해 설명하더라도 정당화될 수 없다.

09. 재무제표 작성원칙에 관한 설명으로 옳지 않은 것은? <제17회 주택관리사 기출문제>

① 전체 재무제표(비교정보를 포함)는 적어도 1년마다 작성한다.

② 재무제표의 표시통화는 천 단위 이상으로 표시할 수 없다. 예를 들어, 백만 단위로 표시할 경우 정보가 지나치게 누락되어 이해가능성이 훼손될 수 있다.

③ 자산과 부채, 수익과 비용은 상계하지 않고 구분하여 표시하는 것을 원칙으로 한다.

④ 상이한 성격이나 기능을 가진 항목은 구분하여 표시한다. 다만 중요하지 않은 항목은 성격이나 기능이 유사한 항목과 통합하여 표시할 수 있다.

해답 ② 재무제표의 표시통화를 천 단위나 백만 단위로 표시할 때 더욱 이해가능성이 제고될 수 있다. 이러한 표시는 금액 단위를 공시하고 중요한 정보가 누락되지 않는 경우에 허용될 수 있다.

10. 재무제표에 관한 설명으로 옳은 것은? <제18회 주택관리사 기출문제>

① 재무상태표는 일정기간의 재무성과에 관한 정보를 제공해 준다.

② 포괄손익계산서는 일정시점에 기업의 재무상태에 관한 정보를 제공한다.

③ 자본변동표는 일정기간 동안의 자본구성요소의 변동에 관한 정보를 제공해 준다.

④ 재무제표는 재무상태표, 손익계산서, 시산표, 자본변동표로 구성된다.

해답 ③

① 재무상태표는 일정시점의 재무상태에 관한 정보를 제공한다.

② 포괄손익계산서는 일정기간의 재무성과에 관한 정보를 제공한다.

④ 시산표는 재무제표에 해당하지 아니한다.

제 4 장

분개연습의 실제

1. 회계거래의 분개
2. 분개의 연습
3. 분개전표 사례
4. 분개 실무 사례

1 회계거래의 분개

회사에서 어떠한 사건(업무)이 발생하면 복식부기 방식을 활용하여 장부에 기록해야 한다. 즉 회계거래가 발생하면 이 거래에 영향을 받는 계정을 차변(왼쪽)과 대변(오른쪽)으로 나누어 기록하는 것을 분개라고 한다. 회계거래 발생에 의한 최초의 장부기록 순서가 되는 것이다.

예를 들어, 회사에서 비품 ₩200,000을 현금주고 구입했다면 분개는 다음과 같다.

(차) 비 품 200,000 (대) 현 금 200,000

위의 분개에서 보는 바와 같이, 회사에는 비품이라는 자산이 들어왔기 때문에 자산의 증가가 되었으며, 차변에 기록한다. 비품을 사면서 현금이 나갔기 때문에 대변에 자산의 감소를 기록한다.

2 분개의 연습

회사에 입사하여 부서에 배치된 후, 업무시작이 되면 모든 업무처리는 문서로 시작해서 문서로 끝난다. 왜냐하면 기업은 이윤을 추구하는 것이고 얼마를 쓰고 얼마가 남았는가를 파악하기 위해서 전 직원 각각의 수익과 비용에 대하여 회계처리를 해야 하기 때문이다.

예를 들어, 출장을 갈 때는 출장명령서를 쓰고 여비를 처리해야 한다. 직원들과 회식을 한다면 회식비를 처리해야 한다. 제품을 팔았다면 물건 값을 문서 처리해야 한다. 연구개발실에 배치되어 연구개발을 위한 시험에 비용을 썼다면 회계 처리해야 한다.

이와 같이, 회사에서 발생하는 모든 돈과 관련된 업무는 "회계"로 처리되어야 한다. 회사의 돈과 관련된 업무를 회계 처리하는 수단이 "분개"이다. 예를 들어, 회사에서 어떠한 업무가 발생한다면, 회계에서는 거래(사건)가 발생했다고 한다. 거래(사건)가 발생하면 회계처리를 위해서 분개를 해야 하는 것이다. 즉 출장을 가는 거래(사건), 손님 접대를 하는 거래(사건), 광고선전을 하는 거래(사건), 품질관리를 하는 거래(사건) 등이 발생하면 분개를 해야 한다.

예를 들어, S전자(주) 생산 1부에서 근무 중, 거래처에게 접대를 하였다면, 접대비에 대한 영수증을 분개하여 결제를 받아야 한다.

〈거래(사건) 발생 사례 1〉

X전자(주)의 개발실 황욱선은 대구 거래처에 협의차 출장을 가서 여비 ₩200,000을 현금 사용하였다. 분개하시오.

(차)	여비교통비 (비용의 발생)	200,000	(대)	현 금 (자산의 감소)	200,000

위의 거래(사건) 발생 사례에서 보는 바와 같이, 거래(사건)가 발생하면 왼쪽에는 차변으로 오른쪽에는 대변으로 구분하여 기입하고, 그 내용을 전표양식에 옮긴다.

즉 차변에는 여비교통비라는 비용이 발생했으며, 대변에는 돈(현금)이라는 회사의 자산이 지출된 것이다. 직원이 회사를 위하여 여비를 사용했으니 좋은 것이고(차변), 돈(현금)이 나갔으니 나쁜(대변) 것이다.

〈거래(사건) 발생 사례 2〉

X전자(주)의 개발실 황욱선은 거래처에 개발지원을 해주고 수수료 명목으로 ₩500,000을 현금으로 받았다. 분개하시오.

(차)	현 금 (자산의 증가)	500,000	(대)	수입수수료 (수익의 발생)	500,000

위의 거래에서는 현금이 들어왔기 때문에 (차변)에 기입하고, 현금이 들어온 이유는 수입수수료라는 수익이. 수익의 발생은 (대변)에 기입한다.

〈거래(사건) 발생 사례 3〉

X전자(주)에서는 은행으로부터 ₩1,000,000을 차입하였다. 분개하시오.

(차)	현 금 (자산의 증가)	1,000,000	(대)	차입금 (부채의 증가)	1,000,000

위의 거래에서는 회사에 현금이 들어왔으니 (차변)에 기록하고, 반대로 은행으로부터 부채를 빌려왔으니 (대변)에 차입금으로 기입한다.

〈거래(사건) 발생 사례 4〉

X전자(주)는 회사설립을 위하여 ₩10,000,000을 자본으로 출자하였다. 분개하시오.

(차)	현 금 (자산의 증가)	10,000,000	(대)	자본금 (자본의 증가)	10,000,000

위의 거래에서 보는 바와 같이, 회사에 돈이 ₩10,000,000 들어왔으니, (차변)에 현금 10,000,000으로 기입하고, (대변)에는 회사입장에서는 빚이나 다름없으니 자본금 10,000,000으로 기입한다.

〈거래(사건) 발생 사례 5〉

X전자(주)는 자본금 ₩5,000,000을 출자자에게 현금으로 반환하였다.

(차)	자본금 (자본의 감소)	5,000,000	(대)	현 금 (자산의 감소)	5,000,000

위의 거래에서 보는 바와 같이, 회사는 자본금을 출자자에게 반환했으니 현금 ₩5,000,000이 회사에서 빠져 나갔으며, (대변)에 기입한다. 자본금은 ₩5,000,000만큼 갚아 좋으니 (차변)에 기입한다.

<거래(사건) 발생 사례 1>부터 <거래(사건) 발생 사례 6>까지의 거래에는 (차

변)과 (대변)의 내용과 자산, 부채, 자본, 비용, 수익이라는 회계요소 설명이 나타난다. 모든 거래들은 이러한 회계요소들에 의하여 (차변)과 (대변)으로 나뉘어지는 것이다. 이러한 내용을 거래의 8요소라고 한다. 즉 모든 거래는 거래의 8요소에 의하여 차변과 대변으로 나뉘어지는 것이다.

<거래의 8요소>

자산의 증가	———	자산의 감소
부채의 감소	———	부채의 증가
자본의 감소	———	자본의 증가
비용의 발생	———	수익의 실현

3 분개전표 사례

회사의 실무에서는 거래의 발생에 대한 분개내용을 전표에 기록하여 결제를 받음으로써, 회사의 재무상태를 표시하는 재무상태표와 경영성과를 나타내는 포괄손익계산서를 작성하기 위한 자료가 되는 것이다. 실제사용된 분개전표 사례를 나타내면 다음과 같다.

<전표 실무 연습>

– 200×년 5월 7일 동양상사에 갑 상품 ₩200,000(500개, @₩400)을 매출하고, 대금 중 ₩100,000은 현금으로 받고, 잔액은 외상으로 하다.

(차) 현　금　100,000　(대) 상품(매출)　200,000
　　외상매출금　100,000

분 개 전 표

No. 1　　200×년 5월 7일

과장	명주	계장	승면	계인	동원

계정 과목	원 면	차 변	계정 과목	원 면	대 변
현 금	1	100000	매 출	12	200000
외상매출금	7	100000			
합 계		₩200000	합 계		₩200000
적 요	동양 상사에서 갑 상품 매출 500개, @₩400				

- 200×년 5월 12일 동양 상사에 상품 ₩240,000(600개, @₩400)을 매출하고, 대금은 현금으로 받다.

(차) 현 금 240,000 (대) 상품(매출) 240,000

입 금 전 표

No. 1 200×년 5월 12일

과장 (명주) 계장 (승연) 계인 (동원)

과 목	매 출	거 래 처 명	동 양 상 점
적		요	금 액
을 상품 600개, @₩400			240000
합		계	₩240000

- 200×년 5월 22일 제주 상사에서 정 상품 ₩280,000(400개, @₩700)을 현금으로 매입하다.

(차) 상품(매입) 280,000 (대) 현 금 280,000

출 금 전 표

No. 1 200×년 5월 18일

과장 (명주) 계장 (승연) 계인 (동원)

과 목	매 입	거 래 처 명	서 울 상 사
적		요	금 액
정 상품 400개, @₩700			280000
합		계	₩280000

- 200×년 5월 22일 제주상사에서 정 상품 ₩450,000(300개, @₩1,500)을 외상으로 매입하다.

(차) 상품(매입) 450,000 (대) 외상매입금 450,000

대 체 전 표

No. 1 200×년 5월 22일

과장 (명주) 계장 (승연) 계인 (동원)

계정 과목	차 변	계정 과목	대 변
매 입	450000	외상매입금	450000
합 계	₩450000	합 계	₩450000
적 요	제주 상사에서 정 상품 300개, @₩1,500에 외상 매입		

4 분개 실무 사례

모든 거래는 분개되어야 하고, 전표에 기입되어 결제가 되어야 한다. 분개를 위한 몇 가지 증빙사례를 소개한다.

<분개 실무 연습>

[실무연습 1] 매출처 구매부직원에게 식사접대를 하고 다음과 같이 기업신용카드로 결제하였다. 분개하시오.

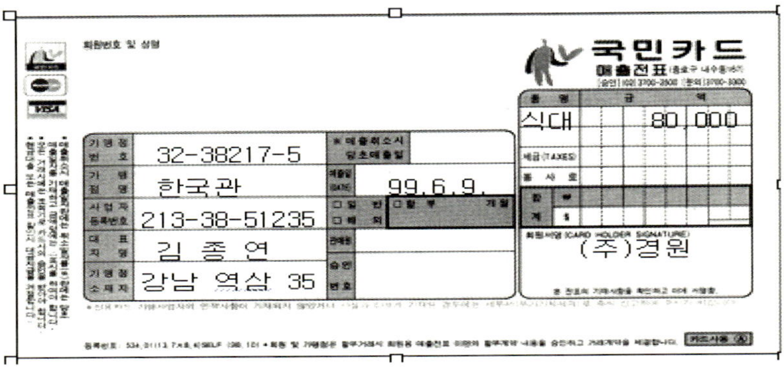

국민카드
매출전표

가맹점번호	32-38217-5
가맹점명	한국관
사업자등록번호	213-38-51235
대표자명	김 종 연
가맹점소재지	강남 역삼 35
매출일	99.6.9.
품명	식대
금액	80,000
회원서명	(주)경원

(차) 접대비 80,000 (대) 미지급금 80,000

[실무연습 2] 공장에서 사용한 전기요금을 다음과 같이 현금으로 납부하였다. 분개하시오.

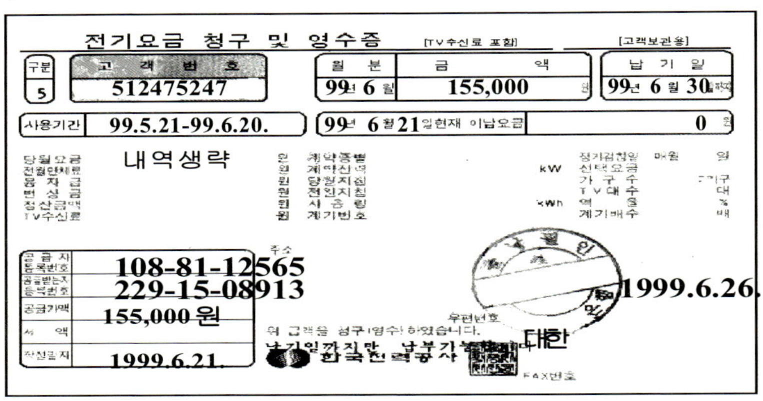

전기요금 청구 및 영수증

구분	고객번호	월분	금액	납기일
5	512475247	99년 6월	155,000	99년 6월 30일

사용기간	99.5.21-99.6.20.
99년 6월 21일현재 미납요금	0
당월요금	내역생략
공급자등록번호	108-81-12565
공급받는자등록번호	229-15-08913
공급가액	155,000원
작성일자	1999.6.21.

위 금액을 청구(영수)하였습니다.

1999.6.26.

한국전력공사

(차) 전력비 155,000 (대) 현 금 155,000

[실무연습 3] 공장종업원의 야근시 식대를 현금으로 지급하고 받은 영수증이다. 분개하시오.

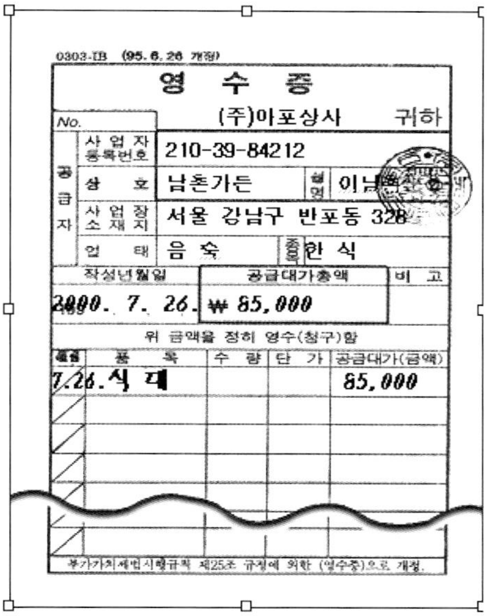

0303-IB (95. 6. 26 개정)

영 수 증

No.		(주)아포상사 귀하		
공급자	사업자등록번호	210-39-84212		
	상호	남촌가든	성명	이남[illegible]
	사업장소재지	서울 강남구 반포동 328		
	업태	음숙	종목	한식

작성년월일	공급대가총액	비고
2000. 7. 26.	₩ 85,000	

위 금액을 정히 영수(청구)함

월일	품목	수량	단가	공급대가(금액)
7.26.	식대			85,000

부가가치세법시행규칙 제25조 규정에 의한 (영수증)으로 개정.

(차) 복리후생비 85,000 (대) 현 금 85,000

연습문제

01. 다음의 거래에 대한 분개 중 옳은 것은? <제15회 주택관리사 기출문제>

① 비품 ₩70,000을 외상으로 구입하고 대금은 2개월 후에 지급하기로 하였다.

(차) 비 품 70,000 (대) 매입채무 70,000

② 임차료 ₩30,000을 당좌수표를 발행하여 지급하였다.

(차) 임차료 30,000 (대) 당좌예금 30,000

③ 상품 ₩40,000을 판매하고 판매대금은 1개월 후에 회수하기로 하였다.

(차) 미수금 40,000 (대) 매출채권 40,000

④ 영업에 사용할 차량 ₩100,000을 외상으로 구입하였다.

(차) 상 품 100,000 (대) 미수금 100,000

해답 ②

① (차) 비 품 70,000 (대) 미지급금 70,000
③ (차) 매출채권 40,000 (대) 상품 또는 매출 40,000
④ (차) 차량운반구 100,000 (대) 미지급금 100,000

02. 회계거래의 기록과 관련된 설명으로 옳지 않은 것은? <제19회 주택관리사 기출문제>

① 분개란 복식부기의 원리를 이용하여 발생한 거래를 분개장에 기록하는 절차이다.

② 분개장의 거래기록을 총계정원장의 각 계정에 옮겨 적는 것을 전기라고 한다.

③ 보조 회계장부로는 분개장과 현금출납장이 있다.

④ 시산표는 총계정원장의 차변과 대변의 합계액 또는 잔액을 집계한 것이다.

해답 ③ 분개장과 총계정원장은 '주요부'에 해당된다. 즉 이 지문에서는 현금출납장만 보조장부에 해당된다.

03. 다음 거래를 분개하시오.

– 5월 8일 매출거래처 상원상사에 대한 외상매출금 3,000,000원을 현금으로 회수하고, 다음의 입금표를 발행하였다.

No. 1

(공급자 보관용)

입금표

상원상사 귀하

공급자				
공급자	사업자등록번호	135-27-40377		
	상 호	원울상회	성 명	나기동 (인)
	사업장소재지	경기도 여주시 상동구 23번지		
	업 태	도소매	종목	가전제품

작성일			금액										세액							
년	월	일	공란수	억	천	백	십	만	천	백	십	일	천	백	십	만	천	백	십	일
2019	5	8																		

합계	십	억	천	백	십	만	천	백	십	일
				3	0	0	0	0	0	0

내 용 외상매출금 현금 입금

위 금액을 정히 영수함

해답 (차) 현금 3,000,000 (대) 외상매출금 3,000,000

– 1월 16일 다음의 휴대폰 이용요금 청구서를 수령하고 납부해야 할 총금액을 현금으로 지급하였다.

기본내역

휴대폰서비스이용요금	27,800원
기본료	25,000원
국내이용료	3,000원
메세지이용료	500원
할인 및 조정	–700원
기타금액	14,000원
당월청구요금	41,800원
미납요금	0원
납부하실 총 금액	**41,800원**

해답 (차) 통신비(판) 41,800 (대) 현금 41,800

– 12월 25일 업무용 차량에 대한 제2기분 자동차세를 사업용 카드로 납부하고 다음과 같은 영수증을 수령하였다.

	2019 년분 자동차세 세액 신고납부서				납세자 보관용 영수증
납세자 주 소	김○○ 경기도 ○○시 ○○구 ○○로 123				
납세번호	기관번호	제목	납세년월기		과세번호
과세대상	16바 1230 (비영업용, 1998cc)	구 분	자동차세	지방교육세	납부할 세액 합계
		당 초 산 출 세 액	222,700	(자동차세액 × 30%)	290,800 원
과세기간	2019.07.01. ~2019.12.31.	선납공제액(10%)			
		요일제감면액(5%)			
		납 부 할 세 액	222,700	68,100	

<납부장소>

위의 금액을 영수합니다.
2019년 12 월 25일

*수납인이 없으면 이 영수증은 무효입니다 *공무원은 현금을 수납하지 않습니다.

해답 (차) 세금과공과(판) 290,800 (대) 미지급금(비씨카드) 290,800원
또는 미지급비용

– 1월 30일 다음과 같은 거래명세표를 수령하고 복리후생비로 회계처리하였으며, 대금은 보통예금계좌에서 지급하였다. (단, 비용으로 처리할 것)

거래명세표(보관용)

권	호				
20 19 년 1 월 30 일	공급자	등록번호	123-03-45678		
성도상사 귀하		상 호	성실문구	성명	정성실 ㊞
		사업장 소재지	경기 00시 00로 56		
아래와 같이 계산합니다.		업 태	도.소매업	종목	문구류

합계금액: 이십만 원정 (₩ 200,000)

월일	품 목	규 격	수량	단 가	공 급 가 액	세 액
1/30	A4 용지		10	10,000원	100,000원	
계						

전잔금			합 계	100,000원
입 금	100,000원	잔 금		인수자 김성실 ㊞
비 고				

해답 (차) 소모품비 100,000원 (대) 보통예금 100,000원

– 5월 28일 관리부 직원이 시내 출장용으로 교통카드를 충전하고, 대금은 현금으로 지급하였다.

[교통카드 충전영수증]
역사명 : 의왕역
장비번호 : 133
카드번호 : 5089346652536693
결제방식 : **현금**
충전일시 : 2019. 05. 28.

충전전잔액 : 500원
충전금액 : 100,000원
충전후잔액 : 100,500원

대표자명: 서울메트로 사장
사업자번호: 108-12-16397
주소: 서울특별시 서초구 반포로 23

해답 (차) 여비교통비 100,000원 (대) 현 금 100,000원

– 2월 20일 회계부에서 구독한 신문구독료를 현금으로 지급하였다.

2018년도 02월분 구독료
기간 : 2018. 02. 1. ~ 02. 29.
월구독료 : 30,000원

상기와 같이 영수함.
2018. 02. 29.

상생신문사
구독해주셔서 감사합니다.

해답 (차) 도서인쇄비 30,000원 (대) 현 금 30,000원

– 다음 공문에 나타난 거래를 회계처리할 때 차변 계정과목과 금액으로 옳은 것은?

> **서울상사**
>
> 수신 내부결재
>
> (경유)
>
> 제목 : 회사 건물 신축 건립 보고
>
> ---
>
> 가. 별관 신축 관련
>
> 1) 토지 50,000,000원(제비용 1,000,000원 포함)을 취득
>
> 2) 사무실 업무용 컴퓨터, TV 등 3,000,000원(제비용 10만원 포함) 구입
>
> ~~~~~~이하생략

해답 토 지 30,000,000원 비 품 2,000,000원

– 직원의 업무관련 교육을 위해 학원수강료를 현금으로 결제하고 현금영수증을 수령하다.

> ㈜성실 인재개발
>
> 114-81-80641 김성실
>
> 서울 중랑구 묵동 1번지 TEL:0000-0000
>
> 홈페이지 http://www.0000.or.kr
>
> **현금(지출증빙)**
>
> 구매 2019/07/1/14:00 거래번호 : 0012-0107

상품명	수량	금액
교육비		350,000
	-생략-	
합 계		350,000
받은금액		350,000

해답 (차) 교육훈련비 350,000원 (대) 현 금 350,000원

– 1월 15일 영업부서에서 거래처 직원과 식사를 하고 회사카드인 신한카드로 결제하였다.

카드매출전표

카드종류 : 신한카드
회원번호 : 1111-2222-3333-4444
거래일시 : 2018. 1. 15. 11:22 : 25
거래유형 : 신용승인
매　　출 : 70,000원
합　　계 : 70,000원
결제방법 : 일시불
승인번호 : 89662511

가맹점명 : 산골식당
- 이 하 생 략 -

해답 (차) 접대비 70,000원 (대) 미지급금 또는 미지급비용 70,000원

제 5 장

재무상태표와 손익계산서 작성사례

1. 거래의 분석과 분개
2. 원장의 기록
3. 시산표 작성
4. 수정분개(결산정리분개)
5. 수정후시산표 작성
6. 재무제표의 작성
7. 회계순환과정

이 절에서는 ㈜한라택배의 회계거래 사례를 바탕으로 재무상태표와 손익계산서를 작성한다. ㈜한라택배에서는 1년 동안 다음과 같은 회계거래가 발생하였다.

1 거래의 분석과 분개

① 1월 1일 : 20××년 1월 1일에 ㈜한라택배가 설립되었다. 이 회사는 주당 액면 5,000원의 주식 800주를 발행하였으며, 주주들은 이 주식을 전부 인수하고 ㈜한라택배에 현금 400만원을 납입하였다.

(분석) 현 금(자산)이 4,000,000원 증가 → 현금 계정 차변기입
자 본 금(자본)이 4,000,000원 증가 → 자본금 계정 대변기입

(차) 현 금	4,000,000	(대) 자 본 금	4,000,000

② 2월 9일 : 소모품을 100,000원에 구입하였다. 구입시 현금 50,000원을 지급하고, 잔액 50,000원은 1개월 후에 지급하기로 하였다.

(분석) 소 모 품(자산)이 100,000원 증가 → 소모품 계정 차변기입
현 금(자산)이 50,000원 감소 → 현금 계정 대변기입
미지급금(부채)이 50,000원 증가 → 미지급금 계정 대변기입

(차) 소 모 품	100,000	(대) 현 금	50,000
		미지급금	50,000

③ 3월 10일 : 흥업은행에서 회사명의로 현금 2,000,000원을 차입하였다.

(분석) 현 금(자산)이 2,000,000원 증가 → 현금 계정 차변기입
차 입 금(부채)이 2,000,000원 증가 → 차입금 계정 대변기입

(차) 현 금	2,000,000	(대) 차 입 금	2,000,000

④ 4월 18일 : 삼성출판사의 택배용역을 완료하고 대금으로 현금 850,000원을 받았다.

(분석) 현 금(자산)이 850,000원 증가 → 현금 계정 차변기입
용역매출(수익)이 850,000원 증가 → 용역매출 계정 대변기입

(차) 현 금	850,000	(대) 용역매출	850,000

⑤ 5월 19일 : 포장지 운반비용 100,000원을 현금으로 지급하였다.

(분석) 운 반 비(비용)가 100,000원 증가 → 운반비 계정 차변기입
현 금(자산)이 100,000원 감소 → 현금 계정 대변기입

(차) 운 반 비	100,000	(대) 현 금	100,000

⑥ 6월 20일 : 직원 급여 1,000,000원을 현금으로 지급하였다.

(분석) 급 여(비용)가 1,000,000원 증가 → 급여 계정 차변기입
현 금(자산)이 1,000,000원 감소 → 현금 계정 대변기입

(차) 급 여	1,000,000	(대) 현 금	1,000,000

⑦ 8월 25일 : 2월 9일에 외상으로 구입한 소모품의 구입대금 중 30,000원을 현금으로 지급하였다.

(분석) 미지급금(부채)이 30,000원 감소 → 미지급금 계정 차변기입
현 금(자산)이 30,000원 감소 → 현금 계정 대변기입

(차) 미지급금	30,000	(대) 현 금	30,000

⑧ 10월28일 : ㈜신성의 택배용역을 완료하고, 용역대금 2,000,000원 중 1,000,000원만을 현금으로 받고, 잔액은 다음 달에 받기로 하였다.

(분석) 현 금(자산)이 1,000,000원 증가 → 현금 계정 차변기입
매출채권(자산)이 1,000,000원 증가 → 매출채권 계정 차변기입
용역매출(수익)이 2,000,000원 증가 → 용역매출 계정 대변기입

(차) 현 금	1,000,000	(대) 용역매출	2,000,000
매출채권	1,000,000		

⑨ 11월 30일 : 택배창고에 대한 1개월분 임차료 500,000원을 현금으로 지급하였다.

(분석) 임 차 료(비용)가 500,000원 증가 → 임차료 계정 차변기입
현 금(자산)이 500,000원 감소 → 현금 계정 대변기입

(차) 임 차 료	500,000	(대) 현 금	500,000

2 원장의 기록

회계거래를 분개하면서 각 분개의 차변과 대변에 발생한 내용을 계정과목별로 정리한 장부에 기록한다. 예를 들어, "현금"의 1년 동안 발생한 차변과 대변금액을 원장이라는 장부에 정리하는 것을 현금계정에 "전기"한다고 한다. 여기서 계정(accounts)이란 자산, 부채, 자본, 수익, 비용 등을 세부항목별 증가 및 감소 기록하는 장소를 말한다. 또한 분개의 내용을 해당 계정의 차변과 대변에 옮겨 적는 것을 전기(posting)라고 한다.

따라서 ㈜한라택배의 분개한 내용을 각 계정에 전기하면 다음과 같다.

〈표 5-1〉 원장기록

현 금 (계정번호 11)

일 자		적 요	차 변	대 변	잔 액
20××년					
1월	1일	주식의 발행	4,000,000		4,000,000
2월	9일	소모품 구입		50,000	3,950,000
3월	10일	은행 차입	2,000,000		5,950,000
4월	18일	택배용역제공대금회수	850,000		6,800,000
5월	19일	포장지운반비 지급		100,000	6,700,000
6월	20일	급여 지급		1,000,000	5,700,000
8월	25일	소모품외상구입대금상환		30,000	5,670,000
10월	28일	택배용역제공대금회수	1,000,000		6,670,000
11월	30일	임차료 지급		500,000	6,170,000

매출채권 (계정번호 13)

일 자		적 요	차 변	대 변	잔 액
20××년					
10월	28일	택배용역 제공	1,000,000		1,000,000

소 모 품					계정번호 16
일 자		적 요	차 변	대 변	잔 액
20××년					
2월	9일	소모품 구입	100,000		100,000

미지급금					계정번호 22
일 자		적 요	차 변	대 변	잔 액
20××년					
2월	9일	소모품 외상구입		50,000	50,000
8월	25일	외상구입대금 지급	30,000		20,000

차 입 금					계정번호 23
일 자		적 요	차 변	대 변	잔 액
20××년					
3월	10일	흥업은행에서 차입		2,000,000	2,000,000

자 본 금					계정번호 31
일 자		적 요	차 변	대 변	잔 액
20××년					
1월	1일	주식 800주 발행		4,000,000	4,000,000

용역매출					계정번호 41
일 자		적 요	차 변	대 변	잔 액
20×1년					
4월	18일	세탁용역 제공		850,000	850,000
10월	28일	세탁용역 제공		2,000,000	2,850,000

임 차 료					계정번호 51
일 자		적 요	차 변	대 변	잔 액
20××년					
11월	30일	임차료 지급	500,000		500,000

급 여					계정번호 52
일 자		적 요	차 변	대 변	잔 액
20××년 6월	20일	급여 지급	1,000,000		1,000,000

운 반 비					계정번호 56
일 자		적 요	차 변	대 변	잔 액
20××년 5월	19일	운반비 지급	100,000		100,000

3 시산표 작성

시산표(trial balance: T/B)는 각 계정원장의 차변금액과 대변금액의 합계액이 일치하는지를 확인하기 위해 작성하는 계정 집계표를 말한다. 따라서 ㈜한라택배의 12월 31일 현재 시산표를 작성하면 <표 5-2>와 같다.

〈표 5-2〉 시산표

시 산 표

㈜한라택배 20××년 12월 31일 (단위 : 원)

	차 변	대 변
현 금	6,170,000	
매출채권	1,000,000	
소 모 품	100,000	
미지급금		20,000
차 입 금		2,000,000
자 본 금		4,000,000
용역매출		2,850,000
임 차 료	500,000	
급 여	1,000,000	
운 반 비	100,000	
	8,870,000	8,870,000

4 수정분개(결산정리분개)

수정전시산표에 의하여 계정기록의 정확성이 확인되면, 일정한 계정과목들은 회계기간말이 되어서야 그 금액이 확정된다. 그리고 수익이나 비용 중 둘 이상의 회계기간에 영향을 미치는 거래에 대해서는 각 회계기간에 귀속되는 수익과 비용으로 수정하는 분개를 수정분개 또는 결산정리분개라고 한다.

㈜한라택배의 사례를 계속해서 이어가기 위하여, 12월말 현재 다음의 사실들을 정리해야 할 필요가 있음을 발견했다고 가정한다.

⑩ 12월 31일 : 40,000원의 소모품이 재고로 남고 60,000원의 소모품은 12월 중에 사용하였다.

(분석) 소 모 품(자산) 60,000원을 사용하였으므로 자산의 감소
→ 소모품 계정 대변기입
소모품비(비용) 60,000원이 발생하였으므로 비용의 증가
→ 소모품비 계정 차변기입

(차) 소모품비	60,000	(대) 소 모 품	60,000

⑪ 12월 31일 : 12월중에 발생한 은행차입금 이자 50,000원을 아직 지급하지 않았다.

(분석) 차입금이자(비용) 50,000원이 증가 → 이자비용 계정 차변기입
미지급이자(부채) 50,000원이 증가 → 미지급이자 계정 대변기입

(차) 이자비용	50,000	(대) 미지급이자	50,000

⑫ 12월 31일 : ㈜미래에 소개한 수수료 100,000원을 아직 받지 못했다.

(분석) 수수료미수분(자산) 100,000원이 증가 → 미수수수료 계정 차변기입
수입수수료(수익) 100,0000원이 증가 → 수입수수료 계정 대변기입

(차) 미수수수료	100,000	(대) 수입수수료	100,000

5 수정후시산표 작성

수정분개 후의 계정잔액을 집계하여 수정후시산표를 작성하게 된다. 수정후시산표를 작성하면 다음과 같다.

〈표 5-3〉 수정후시산표

시 산 표

㈜한라택배 20××년 12월 31일 (단위 : 원)

구분	계정과목	차 변	대 변
재무상태표항목	현 금	6,170,000	
	매 출 채 권	1,000,000	
	소 모 품	40,000	
	미수수수료	100,000	
	미 지 급 금		20,000
	미지급이자		50,000
	차 입 금		2,000,000
	자 본 금		4,000,000
손익계산서항목	용 역 매 출		2,850,000
	수입수수료		100,000
	임 차 료	500,000	
	급 여	1,000,000	
	운 반 비	100,000	
	소 모 품 비	60,000	
	이 자 비 용	50,000	
		9,020,000	9,020,000

6 재무제표의 작성

수정후시산표를 바탕으로 재무제표를 작성하게 된다. 손익계산서는 수익과 비용항목을 집계하고 재무상태표는 자산, 부채, 자본항목들을 집계하여 작성한다.

손익계산서를 작성한 후, 재무상태표를 작성한다. 이때 손익계산서의 순이익은 재무상태표의 이익잉여금에 포함시켜야 하는데, 이익잉여금은 당기순이익만큼 증가한다. 왜냐하면 기업이 1년 동안 영업하여 나타난 손익계산서의 당기순이익은 재무상태표의 개념에서는 회사에 남아있는 잉여금이기 때문에 자본이 증가하는 영향을 끼치기 때문이다.

손익계산서(계정식)

㈜한라택배　　20××년 1 월 1일부터 20××년 12월 31일까지　　(단위 : 원)

차변	금액	대변	금액
임 차 료	500,000	용역매출	2,850,000
급 여	1,000,000	수입수수료	100,000
운 반 비	100,000		
소모품비	60,000		
이자비용	50,000		
당기순이익	1,240,000		
	2,950,000		2,950,000

재무상태표(계정식)

㈜한라택배　　20××년 12월 31일까지　　(단위 : 원)

차변	금액	대변	금액
현 금	6,170,000	미지급금	20,000
매출채권	1,000,000	미지급이자	50,000
소 모 품	40,000	차 입 금	2,000,000
미수수수료	100,000	자 본 금	4,000,000
		이익잉여금	1,240,000
	7,310,000		7,310,000

상기의 손익계산서와 재무상태표는 학생들의 연습 편의상 계정식 약식으로 작성하였다.

7 회계순환과정

상기 ㈜한라택배의 회계거래 사례를 바탕으로 재무상태표와 손익계산서를 작성한 process를 정리하면 다음과 같다.

거래발생 → 분 개 → 총계정원장에 전기 → 시산표 작성 → 재무제표 보고

상기와 같은 process를 회계순환과정이라고 한다. 즉 회계거래가 발생하면 이를 회계장부에 기록하고, 분류 및 요약하여 최종적으로 회계보고서인 재무제표를 작성하기까지의 일련의 절차를 매 회계기간마다 반복해서 하는 것을 말한다.

연습문제

01. 다음 ㈜서강 클리닝의 거래를 분개하고 2013년 12월 31일의 재무상태표와 손익계산서를 작성하시오.

1. 회사설립을 위하여 현금 ₩10,000,000을 투자하다.
2. 사무실 집기 ₩100,000을 사고 현금지급하다.
3. 복사지 및 필기구 ₩10,000을 사고 현금지급하다.
4. 직원 급여 ₩1,000,000을 지급하다.
5. 은행으로부터 자금 ₩10,000,000을 차입하여 예입하다.
6. 리조트 세탁물 ₩5,000,000을 클리닝하고 현금 수령하다.
7. 창업성공사례 교재 ₩50,000을 현금구입하다.
8. 클리닝 ₩2,000,000을 외상으로 해주다.
9. 원활한 세탁물 수송을 위하여 배달 차량을 ₩1,000,000에 외상구입하다.
10. 건물 임차료 1개월치 ₩50,000을 현금지급하다.
11. 야근 직원들과 회식을 하고 회식비 ₩100,000을 현금 지급하다.
12. 은행예금 이자 ₩30,000을 현금수령하다.
13. 세탁물을 세탁해주고 ₩1,000,000을 현금수령하다.
14. 거래처와 식사를 하고 식대 ₩20,000을 현금지급하다.
15. 회사 보험료 ₩10,000을 현금지급하다.
16. 건물 임차료 1개월치 ₩50,000을 미리 현금지급하다.
17. 클리닝 계약금 ₩70,000을 미리 수령하다.

해답

	(차 변)		(대 변)	
1.	현 금	10,000,000	자 본 금	10,000,000
2.	비 품	100,000	현 금	100,000
3.	소 모 품	10,000	현 금	10,000
4.	급 여	1,000,000	현 금	1,000,000
5.	은행예금	10,000,000	차 입 금	10,000,000
6.	현 금	5,000,000	용역매출	5,000,000
7.	도서인쇄비	50,000	현 금	50,000
8.	매출채권	2,000,000	용역매출	2,000,000
9.	차량운반구	1,000,000	미지급금	1,000,000
10.	임 차 료	50,000	현 금	50,000
11.	복리후생비	100,000	현 금	100,000
12.	현 금	30,000	수입이자	30,000
13.	현 금	1,000,000	용역매출	1,000,000

14. 접 대 비	20,000	현 금	20,000
15. 보 험 료	10,000	현 금	10,000
16. 선급임차료	50,000	현 금	50,000
17. 현 금	70,000	선 수 금	70,000

재무상태표

㈜서강클리닝 2013년 12월 31일 현재 (단위 : 원)

현 금	14,710,000	차 입 금	10,000,000
은 행 예 금	10,000,000	미 지 급 금	1,000,000
비 품	100,000	선 수 금	70,000
소 모 품	10,000	자 본 금	10,000,000
매 출 채 권	2,000,000	당기순이익	6,800,000
차량운반구	1,000,000		
선급임차료	50,000		
	27,870,000		27,870,000

손익계산서

㈜서강클리닝 2013년 1월 1일부터 2013년 12월 31일까지 (단위 : 원)

급 여	1,000,000	용 역 매 출	8,000,000
도서인쇄비	50,000	수 입 이 자	30,000
임 차 료	50,000		
복리후생비	100,000		
접 대 비	20,000		
보 험 료	10,000		
당기순이익	6,800,000		
	8,030,000		8,030,000

02. 다음 거래를 분개하고, 약식 재무상태표와 손익계산서를 작성하시오.

1. 나삼팔 씨는 삼팔중개사무소를 설립하고 자본금 ₩6,000,000을 출자하다.
2. 신문광고비로 ₩1,500,000을 지급하다.
3 사무실 집기비품 ₩1,000,000을 외상으로 구입하다.
4. H씨의 부동산 중개업무를 수행하고 수수료 ₩1,500,000에 대한 외상청구서를 발행하다.
5. 10월 5일 보험금 1년치 ₩120,000을 지급하다.
6. D회사에 용역을 제공하고 그 대금 ₩200,000을 외상으로 하다.
7. 소모품 ₩500,000을 구입하고 대금은 전액 현금으로 지급하다.
8. 은행으로부터 현금 ₩250,000을 차입하다.

9. 중개업무를 수행하고 수수료 ₩1,000,000을 현금으로 지급받다.
10. 3번의 비품 외상구입대금 ₩1,000,000 중 ₩500,000을 현금으로 지급하다.
11. 사무용 소모품을 추가로 구입하고 ₩300,000을 외상으로 구입하다.
12. ㈜희망의 중개업무를 수행하고 수수료 ₩2,300,000에 대한 외상청구서를 발행하여 이 중 ₩800,000의 현금을 수령하다.
13. 비품을 추가적으로 구입하고 ₩800,000을 현금으로 지급하다.
14. D회사로부터 미회수 용역대금 ₩200,000을 회수하다.
15. 외상대금 ₩1,500,000을 회수하다.
16. 전력요금 ₩100,000을 현금으로 지급하다.
17. 직원급여 ₩1,200,000을 현금으로 지급하다.
18. 임차료 ₩1,000,000을 현금으로 지급하다.
19. 12월 31일 현재 소모품이 ₩350,000만큼 남아 있다.
20. 12월 31일 보험료를 정리하다.
21. 비품에 대하여 정액법에 의한 감가상각(잔존가치는 0, 내용연수 4년)을 하다.

해답

	(차 변)		(대 변)	
1.	현 금	6,000,000	자 본 금	6,000,000
2.	광고선전비	1,500,000	현 금	1,500,000
3.	비 품	1,000,000	미지급금	1,000,000
4.	매출채권	1,500,000	용역매출	1,500,000
5.	보 험 료	120,000	현 금	120,000
6.	매출채권	200,000	용역매출	200,000
7.	소 모 품	500,000	현 금	500,000
8.	현 금	250,000	차 입 금	250,000
9.	현 금	1,000,000	용역매출	1,000,000
10.	미지급금	500,000	현 금	500,000
11.	소 모 품	300,000	미지급금	300,000
12.	현 금	800,000	용역매출	2,300,000
	매출채권	1,500,000		
13.	비 품	800,000	현 금	800,000
14.	현 금	200,000	매출채권	200,000
15.	현 금	1,500,000	매출채권	1,500,000
16.	수도광열비	100,000	현 금	100,000
17.	급 여	1,200,000	현 금	1,200,000
18.	임 차 료	1,000,000	현 금	1,000,000
19.	소모품비	450,000	소 모 품	450,000
20.	선급보험료	90,000	보 험 료	90,000
21.	감가상각비	450,000	감가상각누계액	450,000

재무상태표(계정식)

㈜한라택배 20××년 12월 31일까지 (단위 : 원)

차변	금액	대변	금액
현 금	4,030,000	미 지 급 금	800,000
비 품	1,800,000	차 입 금	250,000
매 출 채 권	1,500,000	감가상각누계액	450,000
소 모 품	350,000	자 본 금	6,000,000
선급보험료	90,000	당 기 순 이 익	270,000
	7,770,000		7,770,000

손익계산서

20××년 1월 1일부터

㈜한라택배 20××년 12월 31일까지 (단위 : 원)

차변	금액	대변	금액
광고선전비	1,500,000	용 역 매 출	5,000,000
보 험 료	30,000		
수도광열비	100,000		
급 여	1,200,000		
임 차 료	1,000,000		
소 모 품 비	450,000		
감가상각비	450,000		
당기순이익	270,000		
	5,000,000		5,000,000

03. 다음 중 총계정원장의 기록이 오류가 있는지 여부를 파악하는 검증기능을 갖는 것은?

<제79회 전산회계 기출>

① 분개장 ② 재무상태표 ③ 시산표 ④ 원장

해답 ③ 시산표는 총계정원장의 기록이 정확한지 여부를 검증하는 계정잔액목록표이다.

04. 아래 당기 외상매출금 자료를 이용하여 외상매출금 당기 수령액을 계산하면 얼마인가?

<제81회 전산회계 기출>

- 기초잔액 : 4,000,000원
- 기말잔액 : 2,000,000원
- 외상매출액 : 3,000,000원
- 외상매출액 중 매출취소액 : 1,000,000원

① 3,000,000원 ② 4,000,000원 ③ 5,000,000원 ④ 6,000,000원

해답 ②

외상매출금

차변	금액	대변	금액
기 초 잔 액	4,000,000	매출취소액	1,000,000
외상매출액	3,000,000	수 령 액	( )
		기 말 잔 액	2,000,000

05. 다음 중 시산표 등식으로 옳은 것은?

① 기말자산＋수익총액＝기초부채＋기초자본＋당기순이익

② 기말자산＋수익총액＝기말부채＋기초자본＋비용총액

③ 기말자산＋비용총액＝기초부채＋기말자본＋수익총액

④ 기말자산＋비용총액＝기말부채＋기초자본＋수익총액

해답 ④

06. 시산표에서 발견할 수 있는 오류는? <제16회 주택관리사 기출문제>

① 비품을 현금으로 구입한 거래를 두 번 반복하여 기록하였다.

② 사채 계정의 잔액을 금융자산 계정의 차변에 기입하였다.

③ 건물 계정의 잔액을 투자부동산 계정의 차변에 기입하였다.

④ 매입채무를 현금으로 지급한 거래에 대한 회계처리가 누락되었다.

해답 ②

① 어느 한쪽에 더 적거나 덜 적은 것이 아니라 양쪽에 같은 금액의 오류가 발생하였기 때문에 시산표의 합계가 불일치하는 원인이 아니다.

② 사채는 부채계정(대변항목)이고, 금융자산은 자산계정(차변항목)이다. 즉 대변에 적어야 할 것을 차변에 적었기 때문에 시산표는 대변보다 차변합계가 더 많아진다.

③ 계정과목의 오류는 있었지만, 차변항목을 차변에 적었기 때문에 시산표의 합계가 불일치하는 원인이 아니다.

④ 특정 거래를 중복기록하거나 누락된 경우에도 시산표의 대차합계가 불일치하는 원인이 아니다.

07. 재무제표에 대한 설명으로 올바르지 못한 것은?

① 재무제표의 형식은 표준식과 보고식이 있다.

② 재무상태표는 stock의 개념이다.

③ 손익계산서는 일정기간의 경영성과를 나타낸다.

④ 재무상태표는 일정시점의 재무상태를 나타낸다.

해답 ①

08. 동태적 재무제표는 어느 것인가?

① 재무상태표 ② 재산목록 ③ 손익계산서 ④ 주석

해답 ③

09. 손익계산서의 작성 양식의 원칙은?

① 당기와 전기를 비교하는 계정식

② 당기와 전기를 비교하는 보고식

③ 당기만 표시하는 계정식 또는 보고식

④ 당기와 전기를 비교하는 보고식 또는 계정식

해답 ②

10. 다음 중 판매비와 관리비에 속하지 않는 것은?

① 급여 ② 세금과 공과 ③ 이자비용 ④ 임차료

해답 ③

제 6 장

기업회계와 회계정보기술

1. 회계정보시스템
2. 회계정보시스템과 ERP 시스템
3. 회계프로그램과 계정코드 체계

1 회계정보시스템

현대사회는 정보기술의 시대이다. 우리는 24시간 컴퓨터를 활용한다. 기업의 회계 분야도 마찬가지이다. 지금까지 여러분이 습득한 회계작업들은 대부분 컴퓨터를 활용한 정보기술에 의하여 만들어진다.

예를 들어, 회사에서 사건(거래)이 발생하면 컴퓨터의 회계정보시스템에서 분개를 하고, online realtime으로 데이터베이스에 저장되며, 재무제표로 나타나는 것이다.

또 하나의 예로는, 여러분이 백화점에서 물건을 사고 신용카드를 POS 시스템에서 긁고 나면, 그 신용카드 내용이 online realtime으로 회계부서로 전송되고 자동으로 분개가 이루어지며 재무제표로 나타나게 되는 것이다. 이와 같이 서로 연결된 구성요소들이 공동의 목적을 수행하기 위하여 결합된 하나의 조직적인 체계를 시스템이라고 한다.

이와 같이, 우리 사회의 모든 회계사건(거래)은 다양한 정보기술에 의하여 결합되어 처리한다. 이것을 회계정보시스템(AIS: accounting information system)이라고 한다. 하나의 식으로 나타내면 다음과 같다.

$$AIS = f\ (\text{accounting},\ \text{IT})$$

위의 식에서 보는 바와 같이, 회계정보시스템은 회계와 IT의 함수관계라고 할 수 있는 것이다. 여기세 IT는 회계로 활용할 수 있는 모든 정보기술 즉 인터넷, 엑셀, 회계 소프트웨어, OFFICE 등등의 모든 컴퓨터 기술을 포함한다.

회계정보시스템이 기업에 도입되기 이전에는 수작업에 의하여 거래 장부처리를 해왔다. 수작업과 회계정보시스템을 적용한 흐름을 나타내면 다음과 같다.

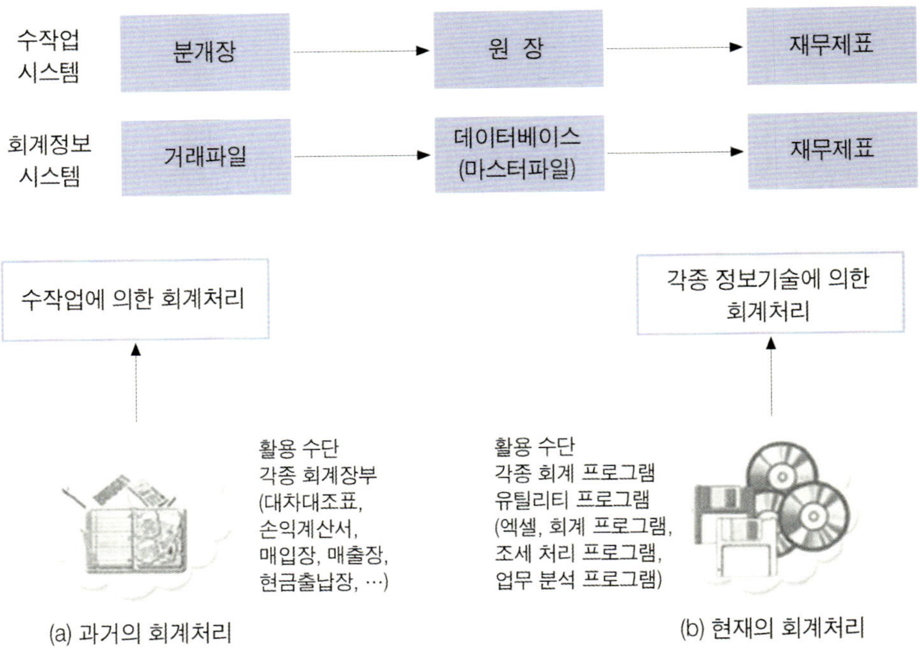

[그림 6-1] 수작업 시스템과 회계정보시스템의 비교

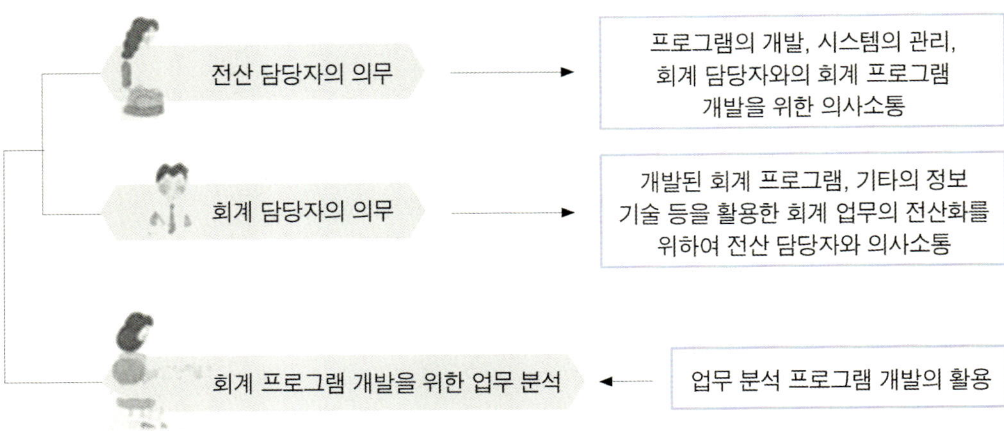

[그림 6-2] 전산 담당자와 회계 담당자의 임무 차이

2 회계정보시스템과 ERP 시스템

컴퓨터 활용의 초기에는 엑셀, 파워포인트와 같은 응용프로그램 사용방법을 컴퓨터과 교수가 강의하였다. 이러한 응용프로그램은 일반화되었다. 이 프로그램을 이용하여 자기분야에 어떻게 사용할 것인가는 각 전공분야에서 다루어야 하는 것이다. 예를 들어, 엑셀 응용프로그램을 회계분야에 활용하는 것은 회계담당자의 업무이다. 이것을 정보기술의 회계 활용이라고 하며, 융합학문이 되는 것이다.

전산담당자는 프로그램을 개발하는 프로그래밍, 전산시스템의 관리, 회계프로그램을 개발할 때에 회계담당자와의 의사소통 등을 주 업무로 해야 할 것이다. 회계담당자는 전산담당자와 회계프로그램을 개발할 때에는 기본적인 시스템구조에 대한 지식을 가지고 있어야 프로그램 담당자와의 이야기가 되는 것이다.

저자가 LG그룹에 근무할 당시, 전산담당자와 회계프로그램을 함께한 적이 있다. 전산담당자는 회계시스템을 이해했지만 자신의 프로그래밍에 자신이 없자 이 업무는 프로그램화할 수 없다고 했다. 저자가 일부분 만들어서 보여주자 얼굴이 빨개지고 화를 냈던 적이 있다. 서로 간의 최선을 다하는 모습이 회사를 살리고 개인이 성장하는 것이다.

중견기업 이상에서는 회계정보시스템이 여러 개의 세부업무로 구성되어 있다. 그리고 전산실이 독립적으로 존재하여 회사 자체의 회계정보시스템을 구축하고 있다. 이 회계정보시스템은 경영정보시스템에 포함되어 있다. 즉, 생산을 하기 위한 생산관리시스템, 결산을 위한 회계정보시스템, 영업을 하기 위한 영업관리시스템이 각각 독립적으로 존재하면서 업무상 연결되어 있었다.

하지만 최근에는 대기업을 중심으로 자원관리의 개념이 도입되었다. 모든 업무가 자원 중심으로 통합된 것이다. 예를 들어, 회사에 원재료가 입고되면 경영정보시스템에서는 구매관리시스템에 입력되고, 전표시스템 결재 후에 회계정보시스템의 원재료 매입으로 넘어가는 것이다. 하지만 자원관리 개념에서는 원재료가 입고되면 동시에 구매관리시스템, 회계정보시스템, 자금관리시스템이 동시에 연결되는 것이다. 이러한 개념을 도입한 것이 전사적 자원관리(ERP)라고 한다.

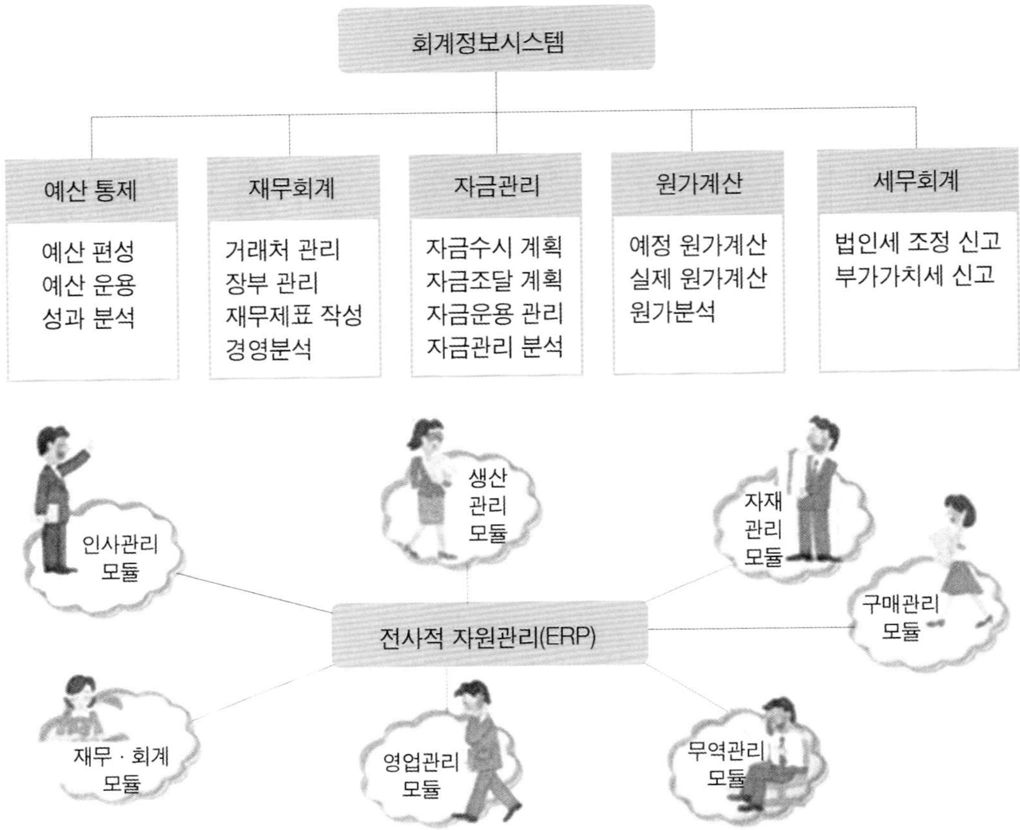

[그림 6-3] **회계정보시스템과 전사적 자원관리의 비교**

[그림 6−3]에서 보는 바와 같이, 전사적 자원관리(ERP)란 기업의 모든 자원을 최적으로 관리하기 위하여 정보의 통합을 하는 것이다. 전사적 자원관리가 구축되면 기업의 구매·생산·영업·재고·회계 관리 등 모두가 기업에 필요한 정보를 동시에 갖게 되어 기업의 전 부문이 통합적으로 움직이게 된다. 이러한 의미에서 회계관리는 전자적 자원관리의 한 부문으로서 회계모듈이라고 한다.

3 회계프로그램과 계정코드 체계

기업은 회계처리를 위하여 자체적으로 개발한 회계프로그램이나 회계소프트웨어 회사에서 판매하고 있는 회계소프트웨어를 활용하고 있다. 그리고 학생들의 회계정보시스템 실력을 향상시키기 위하여 대한상공회의소, 한국세무사회 등에서 회계소프트웨어를 개발하여 자격증 시험에 투입하고 있다. 한국세무사회의 회계소프트웨어 화면을 보면 다음과 같다.

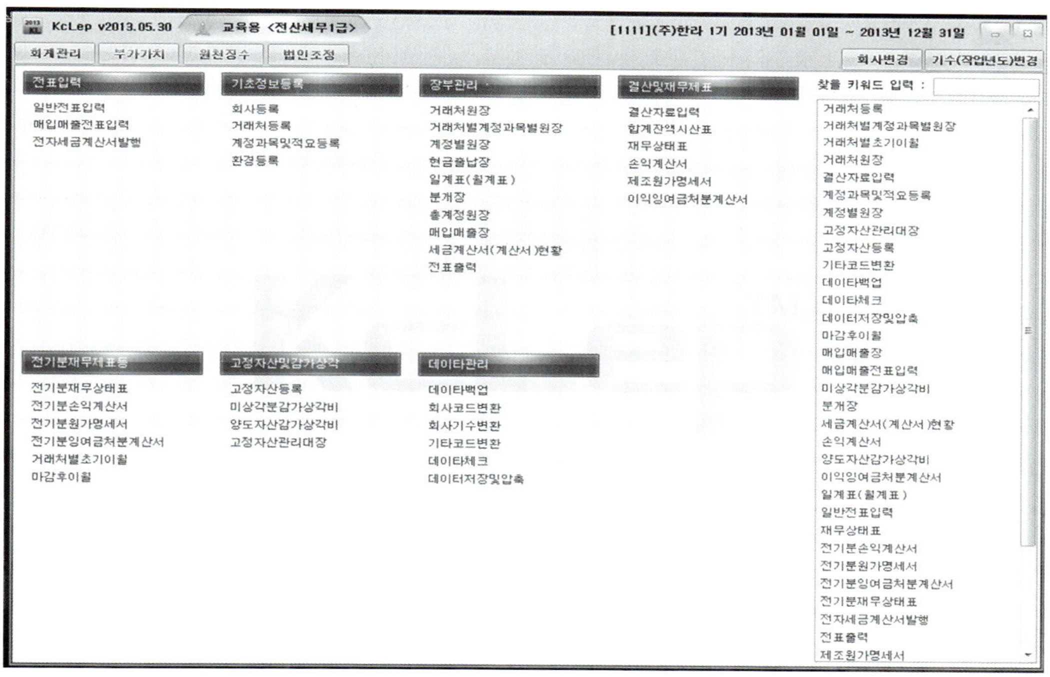

[그림 6-4] 한국세무사회 회계소프트웨어 KcLep "회계관리" 화면

이와 같은 회계소프트웨어의 프로그램은 종류별로 분류하여 계정번호를 부여하고 체계를 구성한 다음 하나의 표로 만들어져 있다. 이것을 계정과목표라고 한다. 그 예는 다음과 같다.

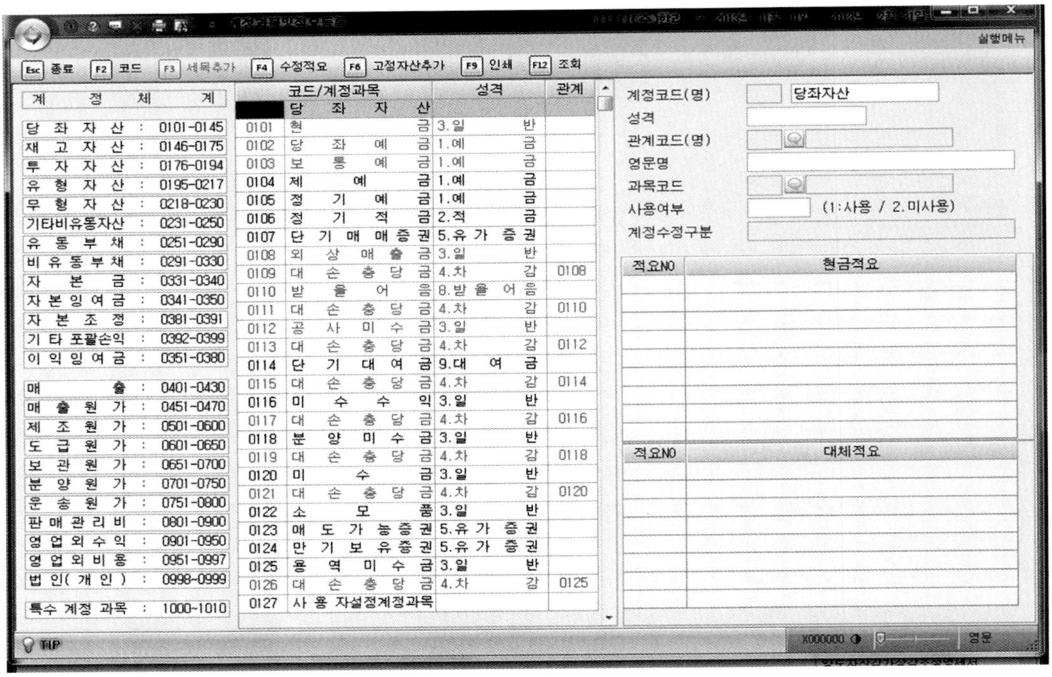

[그림 6-5] **계정과목표 화면**

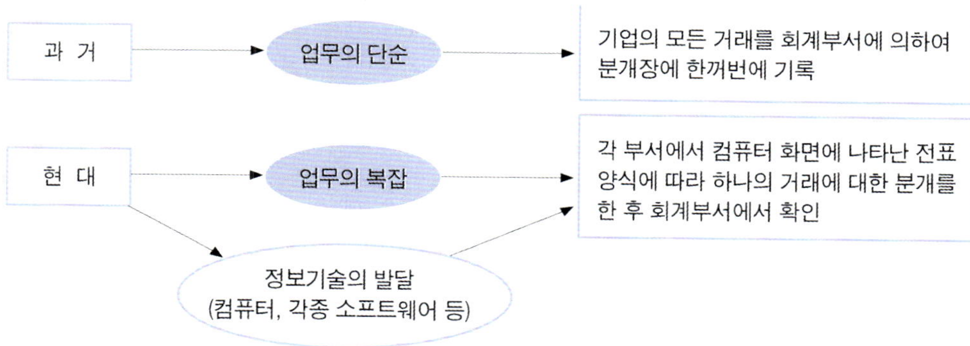

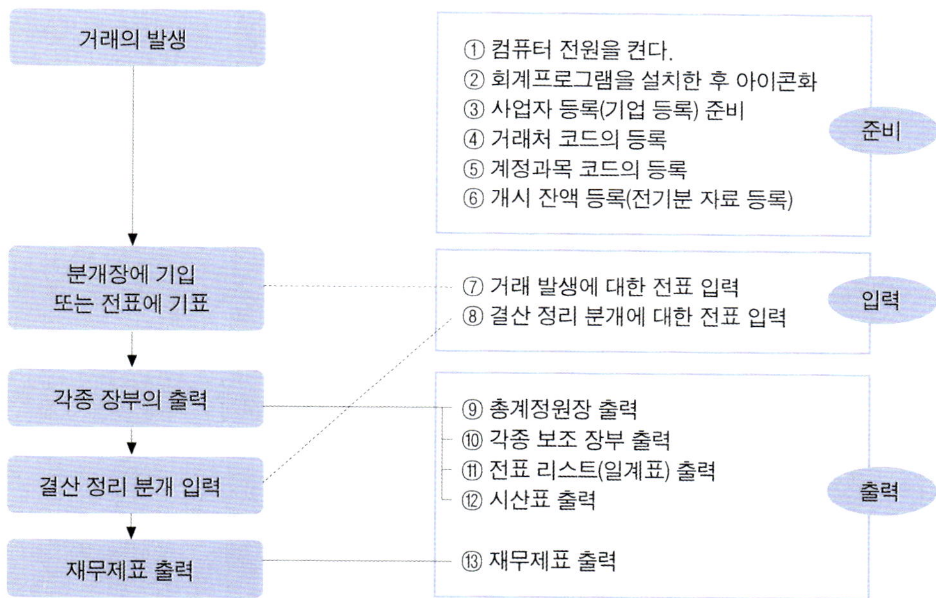

[그림 6-6] **회계와 정보기술 융합에 의한 회계프로그램 기장 흐름 정리**

회계정보시스템에 의한 회계처리를 하기 위해서는, 기업의 설정에 알맞은 회계프로그램을 구입하거나, 기업 자체에서 독자적으로 개발한 프로그램을 준비하여야 한다. 일반적으로 대기업의 경우에는 그들의 특성에 따라 전산실에서 회계프로그램을 자체적으로 개발하여 사용한다. 중소기업의 경우는 프로그램 개발 비용 등의 문제로 소프트웨어 회사에서 개발되어 있는 회계프로그램을 구입하여 활용하고 있다.

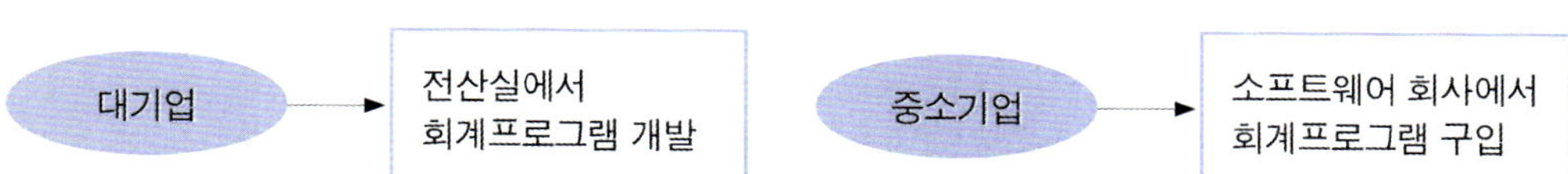

연습사례

01. POS 시스템이란?

POS 시스템은 전자식 금전등록기 기능을 하는 단말기를 이용하여 판매시점에서 모든 정보가 컴퓨터로 입력되어 처리되도록 하는 온라인시스템을 말한다. POS시스템은 보통 바코드를 스캐너가 읽어 입력이 되도록 한다.

02. AIS란 무엇인가?

AIS란 회계정보시스템을 말한다. 즉 우리 사회의 모든 회계사건(거래)은 다양한 정보기술에 의하여 결합되어 처리하는바, 이것을 회계정보시스템(AIS: accounting information system)이라고 한다.

AIS = f(accounting, IT)

03. 한국세무사회 사이트에서 전산세무자격증 시험제도에 대하여 파악해보자.

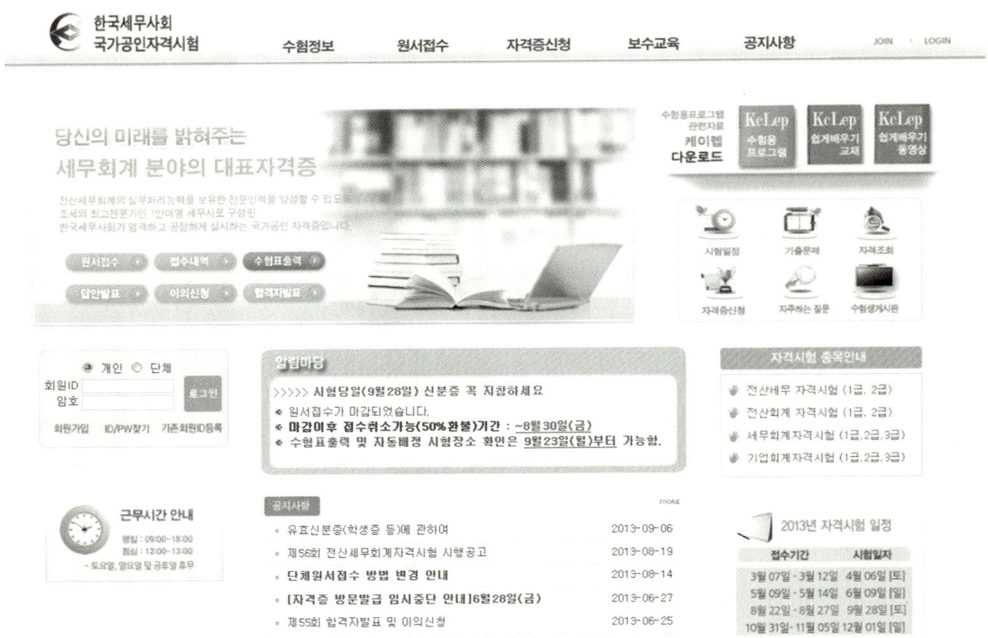

제 7 장

회계의 분류와 기업회계기준·회계분야 자격증

1. 회계의 분류
2. 기업회계기준
3. 회계분야 자격증

1 회계의 분류

회계의 분류에 대해서는 명확한 구분이 존재하지 않는다. 하지만 대부분 재무회계와 관리회계로 분류한다. 재무회계(financial accounting)는 기업 외부 정보이용자들의 합리적 의사결정을 위해 정보를 제공하는 것을 목적으로 하는 회계를 말한다. 외부 정보이용자로는 금융기관, 정부, 노동조합, 거래처, 소비자 등 다양하게 존재한다. 재무회계에서는 재무제표에 의해서 회계정보를 제공한다. 재무제표는 기업 외부정보이용자뿐만 아니라 기업 내부정보이용자에게도 유용하다.

관리회계(managerial accounting)는 기업 내부인 경영자에게 유용한 회계정보를 제공하는 것을 목적으로 하는 회계를 말한다. 경영자가 미래예측을 위한 경영계획을 수립하기 위해서는 회사의 회계정보가 필요하다. 예를 들어, 향후 5년간 회사의 매출액을 예측하기 위해서는 과거의의 재무제표와 생산량, 회사의 생산능력, 경쟁회사 분석, 시장수요분석 등에 대한 자료가 필요하다. 기업의 기획실에서는 이러한 자료를 회계정보로 구축해야 한다. 필요한 회계정보 중 재무제표는 재무회계가 되는 것이며, 그 외의 자료는 관리회계가 되는 것이다. 즉 관리회계는 재무제표와 같은 일정한 형식이 없는 것이다.

〈표 7-1〉 재무회계와 관리회계 차이

구 분	재무회계	관리회계
정보제공목적	외부 정보이용자의 유용한 의사결정을 위해 제공	내용 정보이용자의 유용한 의사결정을 위해 제공
정보이용자 대상	외부 정보이용자	내부 정보이용자
정보내용	재무상태, 경영성과	계획 및 통제
정보의 성격	기업의 과거활동 정보	미래 예측정보
정보의 형식	재무제표(재무보고서)	일정한 형식이 없음
정보 제공의 강제성	일정 규모 이상의 주식회사는 재무제표의 공시가 의무적이며 외부감사를 받아야 함	경영자의 필요에 따라 정보를 추출해서 활용하며, 외부감사가 불필요

<표 7-1>과 같이 회계의 분류를 재무회계와 관리회계로 분류하는 것이 일반적이지만 재무회계, 관리회계, 세무회계로 분류하기도 하고, 재무회계, 관리회계, 세무회계, 회계정보시스템으로 분류하기도 한다. 또는 더욱 세분화시키기도 한다. 회계를 처음 시작하는 학생들은 회계의 분류에는 어떤 것들이 있는지를 파악하기 위하여 세분화된 회계의 분류에 대한 의의를 이해할 필요가 있다.

〈표 7-2〉 세분화된 회계의 분류

분 류	내 용
재무회계	외부의 정보이용자를 위한 일반목적의 회계
관리회계	내부 의사결정을 위한 회계
세무회계	세금의 계산, 납부 및 계획을 위한 회계
비영리회계	국가나 비영리법인의 회계
국제회계	국가 간의 회계 및 보고
회계정보시스템	정보기술을 활용한 회계시스템

2 기업회계기준

이 책을 접한 회계입문자들은 지금까지 습득한 여러 가지 회계내용이 어디에 기록되어 있는지 궁금할 것이다. 현대인은 사회생활을 하며 다양한 규율의 통제 속에서 생활을 한다. 예를 들어, 여러분이 친구들과 모임을 만들 때 모임의 규칙 또는 규정을 만들 것이다. 또한 사회에서 범죄를 저지르면 법에 의해서 처벌을 받기도 한다. 이와 같이 회계도 규정이 존재하는바, 이것을 기업회계기준이라고 한다. 2011년부터는 기업회계기준을 "한국채택회계기준(K-IFRS:Korean International Financial Reporting Standards)"이라고 명명하여 사용하고 있다. 상장기업들은 "한국채택회계기준(K-IFRS)"을 사용하고 있으며, 그 외의 기업들은 "일반기업회계기준"에 의하여 기업의 회계처리를 실행하고 있다. 즉 비상장기업은 한국채택국제회계기준보다 덜 엄격한 회계기준안 "일반기업회계기준"의 적용을 받는다.

기업회계기준은 "한국회계기준원(KAI: Korea Accounting Institute)"이라는 기관에서 기업사회의 환경변화에 따라 제정 및 변경하고 있다.

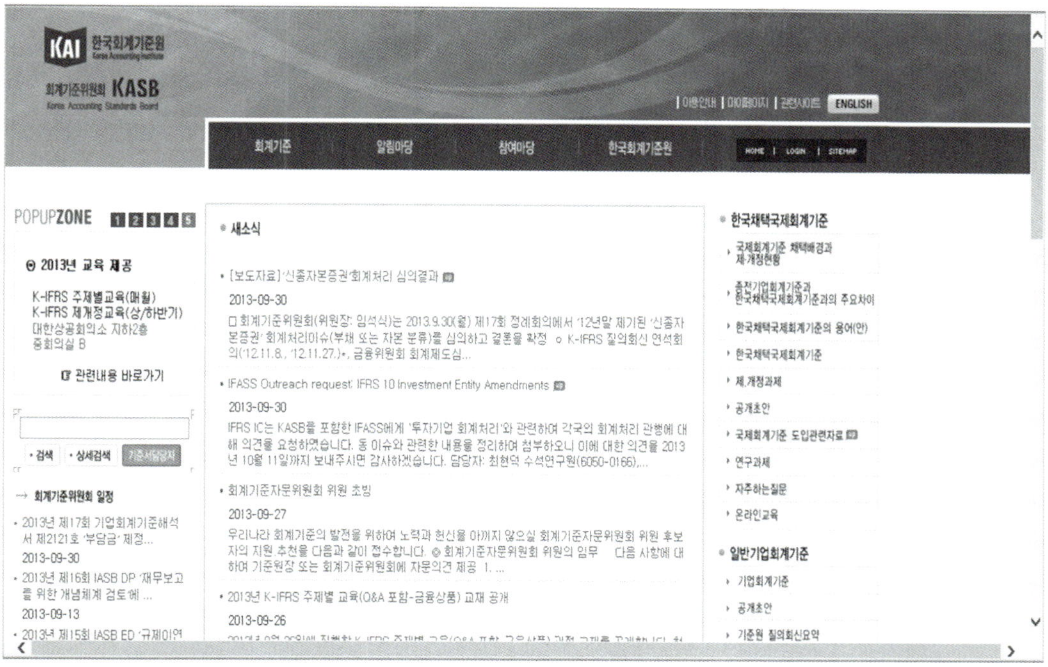

[그림 7-1] 한국회계기준원 사이트

3 회계분야 자격증

회계는 경영대학교 내의 공대라고도 하는 농담이 있다. 그만큼 회계의 결과는 계량적 수치가 포함되는 기술이 요구된다. 회계기술을 습득한 사람은 그만큼 전문가가 되는 것이며 자신만의 가치를 상승시킬 수 있는 것이다. 이것은 법학전문가, 공대기술자와 동일한 의미가 된다. 따라서 회계에 관심을 가지는 사람들은 누구나 회계분야 자격증 취득에 관심을 가진다면 그 자격증에 의하여 사회에서 경제적인 부를 가질 수 있게 되는 것이다.

회계학과목을 포함하고 있는 자격증은 다음과 같다.
공인회계사, 세무사, 공인감정사, 주택관리사, 공인중개사, 세무직공무원, 경찰공무원, 전산회계, 전산세무 등

가. 한국공인회계사

공인회계사는 기업회계의 감시자로서 기업의 건전한 경영을 유도하고 이해관계자를 보호하며, 세무대리인으로서 정부의 조세정책에 협력하고 납세자의 권익을 신장시키고, 경영자문가로서 기업의 가치를 증진시켜 지속가능한 발전을 돕는 전문가를 말한다.

공인회계사법 제5조에 의하면 공인회계사시험은 자격시험이므로 시험에 응시하고자 하는 자의 국적, 학력, 연령 및 경력에는 제한이 없다. 다만, 2007년 1월 1일부터 "학점이수제도"의 시행으로 "학교 등에서 학점이수 해당과목별로 회계학 및 세무관련과목 12학점 이상, 경영학과목 9학점 이상, 경제학과목 3학점 이상을 이수한 자 또는 이수한 것으로 학점인정을 받은 자"만이 공인회계사 시험에 응시할 수 있다. "학점이수제도"는 공인회계사 제1차시험과 제2차시험에 모두 적용되는 응시자격이다.

시험과목 및 배점은 금융감독원 공인회계사시험 홈페이지(http://cpa.fss.or.kr)에 의하면 다음과 같다.

시험과목 및 과목별 배점

◉ 제1차시험

구분	시험시간	시험과목	문항수	배점
1교시	110분	경영학	40	100점
		경제원론	40	100점
2교시	120분	상법(총칙편 · 상행위편 및 회사편과 어음법 및 수표법을 포함한다)	40	100점
		세법개론	40	100점
3교시	**80분**	**회계학(회계원리 · 회계이론 및 정부회계 포함)**	**50**	**150점**
-	-	영어	-	-

영어과목 시험은 토플(TOEFL),토익(TOEIC),텝스(TEPS)에서 취득한 성적으로 필기시험을 대체합니다.
자세한 사항은 "영어시험대체제도"코너를 참고하시기 바랍니다.

◉ 제2차시험

구분		시험기간	시험과목	배점
1일차	1교시	120분	세법	100점
	2교시	120분	재무관리	100점
	3교시	120분	회계감사	100점
2일차	1교시	120분	원가회계	100점
	2교시	**150분**	**재무회계**	**150점**

제2차시험에서는 과목별 "부분합격제"가 시행됩니다.

* 합격자 결정은 선발예정인원에 따른 상대평가에 의한다.

[그림 7-2] 금융감독원 공인회계사시험 홈페이지(http://cpa.fss.or.kr)

나. 세무사

세무사는 납세자의 위임에 의하여 조세에 관한 각종 신고·청구 등을 대리하고 납세자의 의견진술의 대리, 개별공시지가에 대한 이의신청의 대리, 조세에 관한 신고서류의 확인 및 기타 부대업무를 하고 있는 조세자격사를 말한다.

한국산업인력공단에 의하면 세무사 시험과목 및 시험시간은 다음과 같다.

<시험과목 및 시험시간>

가. 시험과목(세무사법 시행령 제1조의 4)

구 분	시험과목	시험방법
제1차 시 험	1 재정학 2 세법학개론 (「국세기본법」, 「국세징수법」, 「조세범처벌법」, 「소득세법」, 「법인세법」, 「부가가치세법」, 「국제조세조정에 관한 법률」) 3 회계학개론 4 「상법」(회사편) · 「민법」(총칙) · 「행정소송법」(「민사소송법」 준용규정 포함) 중 택1	객관식 5지선택형
제2차 시 험	1 회계학1부(재무회계, 원가관리회계) 2 회계학2부(세무회계) 3 세법학1부(「국세기본법」,「소득세법」,「법인세법」,「상속세 및 증여세법」) 4 세법학2부(「부가가치세법」, 「개별소비세법」, 「조세특례 제한법」, 「지방세법」 · 「지방세기본법」 및 「지방세특례제한법」 중 취득세 · 재산세 및 등록에 대한 등록면허세)	주관식 필기시험

※ 제1차시험 영어과목은 공인어학시험성적으로 대체

나. 과목별 시험시간

시험구분	교시	시험과목	입실완료	시험시간	문항수
제1차 시 험	1교시	1 재정학 2 세법학개론	09:30	10:00~11:20(80분)	과목별 40문항
	2교시	3 회계학개론 4 상법 · 민법 · 행정소송법 중 택1	11:40	11:50~13:10(80분)	과목별 40문항

제2차 시 험	1교시	[1] 회계학1부	09:00	09:30~11:00(90분)	4문항
	2교시	[2] 회계학2부	11:20	11:30~13:00(90분)	4문항
	3교시	[3] 세법학1부	13:40	14:00~15:30(90분)	4문항
	4교시	[4] 세법학2부	15:50	16:00~17:30(90분)	4문항

※ 제1차 시험시간 변경(2013. 4. 11 공지사항 참조)

- 시험과 관련하여 법률 · 회계처리기준 등을 적용하여 정답을 구하여야 하는 문제는 **해당 시험 전일 현재 시행중인 법률 · 기준** 등을 적용하여 그 정답을 구하여야 함
- 회계학 과목의 경우 **한국채택국제회계기준(K-IFRS)만 적용하여 출제**

<합격자 결정>

○ 제1차시험(세무사법 시행령 제8조 제1항)

– 영어과목을 제외한 나머지 과목에서 과목당 100점을 만점으로 하여 각 과목의 점수가 40점 이상이고, 전 과목 평균점수가 60점 이상인 사람을 합격자로 결정

○ 제2차시험(세무사법 시행령 제8조 제2항)

– 과목당 100점을 만점으로 하여 각 과목의 점수가 40점 이상이고, 전 과목 평균점수가 60점 이상인 사람을 합격자로 결정. 다만, 각 과목의 점수가 40점 이상이고, 전 과목 평균점수가 60점 이상인 사람의 수가 최소합격인원보다 적은 경우에는 최소합격인원의 범위에서 모든 과목의 점수가 40점 이상인 사람 중에서 전 과목 평균 점수가 높은 순서로 합격자를 결정

다. 감정평가사

감정평가란 부동산, 동산을 포함하여 토지, 건물, 기계기구, 항공기, 선박, 유가증권, 영업권과 같은 유무형의 재산에 대한 경제적 가치를 판정하여 그 결과를 가액으로 표시하는 것을 말한다. 감정평가사는 정부에서 매년 고시하는 공시자가와 관련된 표준지의 조사/평가, 기업체의 의뢰와 관련된 자산의 재평가, 금융기관, 보험회사, 신탁회사의 의뢰와 관련된 토지 및 동산에 대한 평가, 주택단지나 공업단지 조성 및 도로개설 등과 같은 공공사업 수행 등의 업무를 수행한다.

취득방법

- 다음 각호의 어느 하나에 해당하는 자는 감정평가사의 자격이 있음
  1. 감정평가사 제1차시험 및 제2차시험에 합격하고 대통령령이 정하는 기간 이상의 실무수습을 마친 자
  2. 대통령령이 정하는 기관에서 5년이상 감정평가와 관련된 업무에 종사한 자로서 감정평가사 제2차시험에 합격한 자

응시자격

- 부동산가격공시 및 감정평가에 관한 법률 제24조 각호의 1에 해당하는 결격사유가 없는 자

시험과목 및 배점

시험구분	시험과목
제1차시험	1. 민법(총칙, 물권) 2. 부동산관계법규 (국토의 계획 및 이용에 관한 법률, 부동산가격공시 및 감정평가에 관한 법률, 국유재산법, 건축법, **「측량·수로조사 및 지적에 관한 법률」 중 지적에 관한 규정**, 부동산 등기법) 3. 회계학 4. 경제원론 5. 영어*
제2차시험	1. 감정평가실무
	2. 감정평가이론
	3. 감정평가및보상법규 (부동산 가격공시 및 감정평가에 관한 법률, 공익사업을 위한 토지 등의 취득 및 보상에 관한 법률)

※ 2009년도 제20회 감정평가사 자격시험부터 영어과목은 민간어학시험 성적표로 대체

라. 세무직 공무원

세무직공무원은 개인, 또는 사업체가 납부할 세금의 총액을 결산하고, 세금신고서, 판매영수증, 세금계산서 등을 검토하여 정리하는 업무 등을 한다. 7급 세무직 공무원과 9급 세무직 공무원 시험이 있다.

■ 세무직 시험과목

1) 시험과목

세무직	공채	국어, 영어, 한국사, 세법개론, 회계학
	특채	사회, 상업부기

2) 시험방법

- 1,2차시험(선택형 필기시험) : 100%객관식, 과목당 20문제, 각 문항 당 약 50초
- 3차시험(면접시험) : 직급에 따라 개인발표면접, 개별 질문-답변등 여러 방법으로 시행될 수 있다.

마. 주택관리사

주택관리사는 공동주택의 운영·관리·유지·보수 등을 실시하고 이에 필요한 경비를 관리하며, 공동주택의 공용부분과 공동소유인 부대시설 및 복리시설의 유지·관리 및 안전관리 업무를 수행하기 위해 주택관리사보 자격시험에 합격한 자를 말한다.

시험과목 및 배점

시험과목

시험구분	시험과목	시험시간	시험방법
제1차 시험 (3과목)	◉ 민법(총칙, 물권, 채권 중 총칙·계약총칙 ·매매·임대차·도급·위임·부당이득 ·불법행위) ◉ 회계원리 ◉ 공동주택시설개론(목구조·특수구조를 제외한 일반건축구조와 철골구조, 공기조화,냉동설비,홈네트워크를 포함한 건축설비개론 및 장기수선계획 수립 등을 위한 건축적산을 포함한다)	과목당 50분	객관식 선택형
제2차 시험 (2과목)	◉ 주택관리 관계법규 「주택법」, 「임대주택법」, 「건축법」, 소방기본법」, 「소방시설설치유지 및 안전관리에 관한 법률」, 「승강기제조 및 관리에 관한 법률」, 「전기사업법」, 「시설물의 안전관리에 관한 특별법」, 「도시 및 주거환경정비법」, 「도시재정비 촉진을 위한 특별법」, 「집합건물의 소유 및 관리에 관한 법률」 중 주택관리에 관련되는 규정 ◉ 공동주택관리실무(시설관리·환경관리·공동주택회계관리·입주자관리·공동주거관리이론·대외업무,사무·인사관리,안전·방재관리 및 리모델링 등)	과목당 50분	객관식 선택형 (단답형 또는기입형 가미 가능)

시험배점

◉ 1,2차 공동 과목당 40문제 (각 2.5점씩이며, 모든 문제는 부분점수가 없음)

바. 경영지도사

경영지도사는 중소기업경영 문제에 대한 종합진단(경영컨설팅)과 기업경영상의 인사·조직·노무·사무관리·재무관리 및 회계, 생산, 유통관리, 판매관리 및 수출입업무 등에 대한 진단·지도, 자문, 상담, 조사, 분석, 평가, 확인, 대행 등 직무를 수행하는 자를 말한다.

◈ **시험과목**

구 분	시 험 과 목	시 험 방 법
1차시험 (6과목)	①중소기업관련법령 ②경영학 ③회계학개론 ④기업진단론 ⑤조사방법론 ⑥영어	객관식 5지 선택형
2차시험 (분야별 3과목)	인적자원 : ①인사관리 ②조직행동론 ③노사관계론 재무관리 : ①재무관리 ②회계학 ③세법 생산관리 : ①생산관리 ②품질경영 ③경영과학 마케팅 : ①마케팅관리론 ②시장조사론 ③소비자행동론	주관식 (논술형 2문항, 약술형 4문항)

사. 관세사

관세사는 무역 및 통관관련분야에 전문지식을 가진 자에게 국가가 부여하는 자격으로 화주로부터 위탁을 받아 수출입업체를 대리하는 직무를 수행한다.

◈ **시험과목**

구 분	시 험 과 목	시험방법
1차시험 (4과목)	① 관세법개론(자유무역협정 이행을 위한 관세법의 특례에 관한 법률 포함) ② 무역영어 ③ 내국세소비법(부가가치세법, 개별소비세법, 주세법에 한함) ④ 회계학(회계원리, 회계이론에 한함)	객관식 5지 택일형
2차시험 (4과목)	① 관세법(관세평가 제외, 수출용 원재료에 대한 관세 등 환급에 관한 특례법을 포함) ② 관세율표 및 상품학 ③ 관세평가 ④ 무역실무(대외무역법 및 외국환거래법 포함)	논술형

아. 호텔경영사

호텔경영사는 관광사업소의 호텔에서 객실예약업무, 객실판매 및 정비업무, 접객업무, 회계업무, 식당업무 등 제반 호텔관리업무에 대한 계획을 수립, 조정하며 종사원의 근무상태를 지휘 감독하는 직무를 말한다.

◈ **시험과목**

구 분	시 험 과 목	시험방법
1차시험 (4과목)	① 관광법규 ② 호텔회계론 ③ 호텔인사 및 조직관리론 ④ 호텔마케팅론	객관식 4지 선택형

자. 전산세무회계(한국세무사회 사이트 참조)

전산세무회계의 실무처리능력을 보유한 전문인력을 양성할 수 있도록 조세의 최고 전문가인 1만여 명 세무사로 구성된 한국세무사회가 엄격하고 공정하게 자격시험을 실시하여 그 능력을 등급으로 부여함으로써, 학교의 세무회계 교육방향을 제시하여 인재를 양성시키도록 하고, 기업체에는 실무능력을 갖춘 인재를 공급하여 취업의 기회를 부여하며, 평생교육을 통한 우수한 전문인력 양성을 목적으로 한다.

종목 및 등급		시험구성	비고
전산세무회계	전산세무1급	이론시험 30%(4지선다형)와 실무시험 70% (컴퓨터 프로그램이용)	국가공인
	전산세무2급	이론시험 30%(4지선다형)와 실무시험 70% (컴퓨터 프로그램이용)	
	전산회계1급	이론시험 30%(4지선다형)와 실무시험 70% (컴퓨터 프로그램이용)	
	전산회계2급	이론시험 30%(4지선다형)와 실무시험 70% (컴퓨터 프로그램이용)	

종목 및 등급	검정기준
전산세무 1급	대학 졸업수준의 재무회계와 원가관리회계, 세무회계(법인세,소득 세,부가가치세)에 관한 지식을 갖추고, 기업체의 세무회계 관리자 로서 전산세무회계프로그램을 활용한 세무회계 전분야의 실무업 무를 완벽히 수행할 수 있는지에 대한 능력을 평가함.
전산세무 2급	전문대학 졸업수준의 재무회계와 원가회계, 세무회계(소득세,부가 가치세)에 관한 지식을 갖추고, 기업체의 세무회계 책임자로서 전 산세무회계프로그램을 활용한 세무회계 전반의 실무처리 업무를 수행할 수 있는지에 대한 능력을 평가함.
전산회계 1급	전문대학 중급수준의 회계원리와 원가회계, 세무회계(부가가치세 중 매입매출전표와 관련된 부분)에 관한 기본적 지식을 갖추고, 기업체의 회계실무자로서 전산세무회계프로그램을 활용한 세무 회계 기본업무를 처리할 수 있는지에 대한 능력을 평가함.
전산회계 2급	대학 초급 또는 고등학교 상급수준의 재무회계(회계원리)에 관한 기본지식을 갖추고 기업체의 세무회계 업무보조자로서, 전산회계 프로그램을 이용한 회계업무 처리능력을 평가함.

차. 기업회계(한국세무사회 사이트 참조)와 세무회계

재무회계와 원가회계 등 기업회계의 이론과 실무에 관한 자격시험을 시행하여 그 능력을 객관화된 등급으로 인증함으로써, 회계관련 교육방향을 제시하고 평생학습과 취업기회를 확대하며, 전산회계처리능력과 더불어 기업에서 필요로 하는 체계적이고 수준있는 지식을 겸비한 전문인력을 양성하여 산업계의 요구에 부응한다.

종목 및 등급		시험구성	비고
기업회계	기업회계1급	필기시험(객관식, 주관식 혼합)	세무사회인증
	기업회계2급	필기시험(100% 객관식)	
	기업회계3급	필기시험(100% 객관식)	

종목 및 등급	검정기준
기업회계 1급	재무회계와 원가관리회계에 관한 지식을 갖추고 대기업의 회계 관리책임자로서 회계실무 전반에 관한 업무를 수행할 수 있는 능력을 평가함.
기업회계 2급	재무회계와 원가회계에 관한 지식을 갖추고 대기업 또는 중소기업 체의 회계실무자로서 회계전반에 관한 업무를 수행할 수 있는 능력을 평가함.
기업회계 3급	회계원리에 관한 지식을 갖추고 기업체 등의 회계관리담당자로서 회계업무를 처리할 수 있는 능력을 평가함.

카. 그 밖의 회계관련 시험

그 밖에 회계관련 시험과목을 시행하는 업종으로는 행정직 공무원, 감사직 공무원, 각종 공사 시험, 공인중개사 시험, 재경관리사 등에 포함되어 있다.

제 8 장

자산 · 부채 · 자본의 회계처리

1 재무상태표와 손익계산서 세부구조

가. 일반기업회계 기준에 의한 재무제표와 K-IFRS 국제회계기준에 의한 재무제표

각 국가는 각각의 기업회계기준을 사용하고 있다. 이것을 일반기업회계기준이라고 한다. 하지만 각 국가의 기업이 국제화되면서 세계가 통합된 회계기준을 사용하자는 취지에서 국제회계기준이 만들어졌고, 그 국제회계기준 중에서 우리나라가 채택한 것이 2011년부터 사용된 K-IFRS 국제회계기준이다.

하지만 우리나라 기업들이 전부 국제회계기준을 사용하지 않고 있다. 왜냐하면, 이전부터 사용해왔던 일반회계기준을 국제회계기준으로 바꾸는 데에는 많은 비용부담이 발생하기 때문이다. 따라서 우리나라에서는 상장기업만을 법적으로 K-IFRS 국제회계기준을 사용하도록 하였고, 그 이외의 기업들은 국제회계기준이나 일반기업회계기준을 중 어떠한 것을 사용해도 좋도록 규정하였다.

이 저서의 학습대상은 회계학을 처음 접하는 초보자들이다. 그리하여 이 책에서는 일반기업회계기준에 의한 재무제표를 다룬다. 특히 회계소개를 하는 저서이기 때문에 일반기업회계기준에 의한 재무상태표와 손익계산서에 의하여 모든 내용을 설명하기로 한다.

나. 재무상태표 양식

재무상태표의 양식은 보고식과 계정식이 존재한다. 계정식은 재무상태표를 차변(왼쪽)과 대변(오른쪽)으로 구분하여 표시한다. 왼쪽에는 자산을, 오른쪽에는 부채와 자본을 기록한다. 보고식은 왼쪽과 오른쪽을 구분하지 않고 위에서부터 자산, 부책, 자본의 순서로 표시하는 방법이다. 일반기업회계기준에서는 보고식을 원칙으로 하고 있다. 이 책에서는 학습의 편의상 재무상태표를 계정식으로 나타낸다. 재무상태표 계정식은 다음과 같다.

재무상태표(요약계정식)

상원(주) 20×3년 12월 31일 현재 (단위 : 천원)

자 산	금 액	부 채·자 본	금 액
자 산		부 채	
Ⅰ. 유동자산	60,000	Ⅰ. 유동부채	30,000
1. 현금및현금성자산	40,000	1. 단기차입금	10,000
2. 매출채권	10,000	2. 매입채무	20,000
3. 재고자산	10,000		
		Ⅱ. 비유동부채	100,000
Ⅱ. 비유동자산	140,000	1. 사 채	30,000
(1) 투자자산	40,000	2. 장기차입금	70,000
1. 장기금융자산	10,000	부채총계	130,000
2. 투자부동산	30,000		
		자 본	
(2) 유형자산	90,000	Ⅰ. 자 본 금	50,000
1. 토 지	50,000		
2. 건 물	40,000	Ⅱ. 자본잉여금	10,000
(3) 무형자산	10,000	Ⅲ. 자본조정	5,000
1. 영 업 권	6,000		
2. 산업재산권	4,000	Ⅳ. 이익잉여금	5,000
		자본총계	70,000
자산총계	200,000	부채와 자본총계	200,000

(1) 자산의 종류

1) 유동자산

유동자산은 1년 이내에 현금화할 수 있는 자산으로 현금 및 현금성자산, 단기금융자산, 매출채권, 재고자산, 선급금, 미수금, 가지급금 등이 있다.

2) 비유동자산

비유동자산은 장기에 걸쳐서 수익창출에 공헌하거나 투자목적으로 보유하는 자산으로 투자자산, 유형자산, 무형자산 등이 있다. 투자자산에는 장기금융자산, 투자부동산, 장기대여금 등이 있다. 유형자산에는 토지, 건물, 기계장치, 비품 등이 있다. 무형자산에는 영업권, 산업재산권 등이 있다.

(2) 부채의 종류

1) 유동부채

유동부채는 1년 이내에 상환해야 하는 부채를 말한다. 단기차입금, 미지급비용, 선수수익, 지급어음, 매입채무 등이 있다.

2) 비유동부채

비유동부채는 1년 이후에 상환하기로 예정된 부채를 말한다. 사채, 장기차입금 등이 있다.

(3) 자 본

자본은 자산에서 부채를 차감한 순자산을 말한다. 자본금, 자본잉여금, 자본조정, 기타포괄손익누계액 및 이익잉여금 등이 있다.

다. 손익계산서 양식

손익계산서 양식도 보고식과 계정식이 존재한다. 계정식은 손익계산서를 왼쪽(비용)과 오른쪽(수익)으로 나누어 표시된다. 보고식은 제일 위쪽에 수익을 먼저 표시하고, 아래로 내려오면서 비용을 표시한다. 이 책에서는 학습의 편의상 손익계산서를 보고식으로 나타낸다. 보고식 손익계산서는 다음과 같다.

(1) 매출액

매출액은 기업의 주된 영업활동에서 발생한 수익을 말한다.

(2) 매출원가

판매된 상품의 취득원가 혹은 제공된 용역의 원가를 말한다.

(3) 매출총이익

매출액에서 매출원가를 차감한 금액을 말한다.

(4) 판매비와관리비

판매비와관리비는 상품의 판매관련업무 및 기업의 유지와 관리를 위해 발생한 비용을 말한다. 급여, 대손상각비, 감가상각비, 광고선전비, 소모품비, 수도광열비, 보험료, 세금과공과 등이 있다.

(5) 영업이익

회사의 주된 영업활동으로부터 발생한 수익을 말한다. 매출총이익에서 판매비와관리비를 차감한 금액이다.

(6) 영업외수익

회사의 주된 영업활동이외에서 발생한 수익을 말한다. 임대료, 이자수익, 유형자산처분이익, 사채상환이익, 단기매매증권처분이익, 단기매매증권평가이익, 투자자산처분이익, 외환차익, 외화환산이익, 자산수증이익, 보험금수익 등이 있다.

(7) 영업외비용

회사의 주된 영업활동이외에서 발생한 비용을 말한다. 이자비용, 사채상환손실, 단기매매증권처분손실, 단기매매증권평가손실, 투자자산처분손실, 외환차손, 외화환산손실 기부금, 잡손실 등이 있다.

(8) 법인세비용차감전순이익

영업이익에서 영업외수익은 가산하고, 영업외비용은 차감하면 세무서에 법인세를 납부하기 전의 순이익이 발생한다.

(9) 법인세비용

기업이 벌어들인 이익에서는 정부에 세금을 납부해야 한다. 이러한 세금을 법인세등이라고 한다.

(10) 당기순이익

영업이익에서 영업외수익은 가산하고, 영업외비용은 차감하면 법인세비용차감전순이익이 나타난다. 여기에서 법인세등을 차감하면 마지막으로 회사의 순이익이 발생하는데 이것을 당기순이익이라고 한다.

> 영업이익＋영업외수익－영업외비용＝법인세비용차감전 순이익
>
> 법인세비용차감전순이익－법인세등＝당기순이익

손익계산서

20×1년 1월 1일부터
20×1년 12월 31일까지

상원(주) (단위 : 천원)

과 목	제×(당)기	
매 출 액		20,000
매출원가		9,000
매출총이익		11,000
판매비와관리비		3,600
급 여	100	
대손상각비	900	
감가상각비	500	
광고선전비	300	
소모품비	700	
수도광열비	200	
보 험 료	300	
세금과공과	600	
영 업 이 익		7,400
영업외 수익		
임 대 료	150	
이자수익	250	
유형자산처분이익	100	
영업외 비용		
이자비용	1,000	
잡 손 실	200	
법인세비용차감전순이익		6,700
법인세비용		700
당기순이익		6,000

〈표 8-1〉 실제 기업에서 공시된 재무상태표

재 무 상 태 표

당기 2015년 10월 30일 현재

전기 2014년 12월 31일 현재

단위 : 천원

과 목	(당)기	(전)기
자 산	95,965,690	93,204,858
Ⅰ.유 동 자 산	63,555,533	54,741,562
(1)당 좌 자 산	59,018,069	49,787,907
현 금 및 현 금 성 자 산	7,772,123	5,179,925
매 출 채 권	21,988,504	30,787,747
단 기 대 여 금	1,700,000	
기타 당좌자산	27,557,442	13,820,235
(2)재 고 자 산	4,537,464	4,953,655
Ⅱ.비 유 동 자 산	32,410,157	38,463,296
(1)투 자 자 산	6,745,835	7,808,999
(2)유 형 자 산	16,478,119	24,451,697
(3)무 형 자 산	655,685	706,088
(4)기 타 비 유 동 자 산	8,530,518	5,496,512
부 채 와 자 본	95,965,690	93,204,858
부 채	25,270,780	25,807,071
Ⅰ.유 동 부 채	22,100,331	22,184,213
매 입 채 무	12,123,883	14,132,040
단 기 차 입 금	175	
미 지 급 금	368,348	606,703
미 지 급 법 인 세	1,834,354	960,798
기 타 유 동 부 채	7,773,572	6,484,673
Ⅱ.비 유 동 부 채	3,170,449	3,622,858
퇴 직 급 여 부 채	864,322	360,472
기 타 비 유 동 부 채	2,306,127	3,262,386
자 본	70,694,911	67,397,787
Ⅰ.자 본 금	5,560,000	5,560,000
Ⅱ.자 본 잉 여 금	2,070,040	2,070,040
Ⅲ.기 타 포 괄 손 익 누 계 액	564,863	(37,275)
Ⅳ.자 본 조 정	(2,634,272)	(2,236,205)
Ⅴ.이 익 잉 여 금	65,134,280	62,041,226

재무상태표

제 47 기 1분기말 2019.03.31 현재

제 46 기말 2018.12.31 현재

(단위 : 원)

	제 47 기 1분기말	제 46 기말
자산		
유동자산	2,067,753,595,579	2,098,608,605,162
현금및현금성자산	805,875,999,925	725,611,646,546
기타금융자산	39,719,567,044	239,496,477,625
매출채권및기타채권	879,488,678,828	800,690,035,634
선급금	279,986,538	1,118,603,322
선급비용	53,341,011,058	24,815,891,101
재고자산	280,130,382,053	297,231,987,368
반환제품회수권	8,917,970,133	9,643,963,566
비유동자산	3,432,887,387,775	3,350,273,975,955
관계기업투자	30,048,853,389	30,048,853,389
종속기업투자	678,573,369,737	678,524,859,737
기타포괄손익-공정가치측정지분상품	155,229,902,295	141,989,176,715
유형자산	2,172,963,647,139	2,112,584,853,034
사용권자산	6,608,719,814	
무형자산	156,910,983,765	152,260,829,147
기타금융자산	33,053,221,713	32,330,059,539
장기매출채권및기타채권	7,135,633,883	15,479,312,057
장기선급비용	26,712,382,212	26,183,650,353
이연법인세자산	165,650,673,828	160,872,381,984
자산 총계	5,500,640,983,354	5,448,882,581,117
부채		
유동부채	1,167,054,018,724	1,068,908,152,202
매입채무및기타채무	756,129,251,926	656,518,543,262
단기차입금	253,731,793,878	250,570,504,585
선수금	228,280,256	18,627,871
기타금융부채	14,906,765,912	18,017,041,143
당기법인세부채	128,563,340,803	125,680,058,469
판매보증충당부채	415,322,397	990,550,117
환불부채	13,079,263,552	17,112,826,755
비유동부채	417,380,003,829	402,405,269,151
장기차입금	300,000,000,000	300,000,000,000

〈표 8-2〉 실제 기업에서 공시된 손익계산서

포괄손익계산서

오소서마트 20×1년 1월 1일부터 20×1년 12월 31일까지 (단위: 천원)

과 목	금 액	
매출액		1,150,000
매출원가		(-)650,000
매출총이익		500,000
영업비용		(-)220,000
급여	(-)150,000	
임차료	(-)70,000	
영업이익		280,000
금융수익		50,000
이자수익	50,000	
금융비용		(-)30,000
이자비용	(-)30,000	
법인세차감전순이익		300,000
법인세비용		(-)90,000
당기순이익		210,000
기타포괄손익		20,000
매도가능금융자산평가이익	20,000	
총포괄이익		230,000
주당순이익		300원

포괄손익계산서

제 47 기 1분기 2019.01.01 부터 2019.03.31 까지

제 46 기 1분기 2018.01.01 부터 2018.03.31 까지

(단위 : 원)

	제 47 기 1분기		제 46 기 1분기	
	3개월	누적	3개월	누적
매출액	1,350,819,652,502	1,350,819,652,502	1,416,991,368,958	1,416,991,368,958
매출원가	1,065,069,802,092	1,065,069,802,092	1,139,222,178,837	1,139,222,178,837
매출총이익	285,749,850,410	285,749,850,410	277,769,190,121	277,769,190,121
판매비와 관리비	282,885,118,224	282,885,118,224	261,696,511,325	261,696,511,325
영업이익	2,864,732,186	2,864,732,186	16,072,678,796	16,072,678,796
영업외손익				
금융수익	4,086,936,230	4,086,936,230	962,626,207	962,626,207
금융원가	4,214,414,712	4,214,414,712	3,656,031,100	3,656,031,100
기타수익	12,345,107,079	12,345,107,079	32,873,623,433	32,873,623,433
기타비용	10,132,788,793	10,132,788,793	17,543,897,378	17,543,897,378
법인세비용차감전순이익	4,949,571,990	4,949,571,990	28,708,999,958	28,708,999,958
법인세비용	713,645,442	713,645,442	7,895,118,656	7,895,118,656
분기순이익	4,235,926,548	4,235,926,548	20,813,881,302	20,813,881,302
기타포괄손익	10,045,109,390	10,045,109,390	56,091,849,491	56,091,849,491
후속적으로 당기손익으로 재분류되지 않는 항목				
기타포괄손익-공정가치측정지분상품 평가이익	10,045,109,390	10,045,109,390	56,091,849,491	56,091,849,491
총포괄손익	14,281,035,938	14,281,035,938	76,905,730,793	76,905,730,793
주당이익				
보통주 기본 및 희석주당손익	48	48	275	275
우선주 기본 및 희석주당손익	263	263	288	288

2 자 산

본 책은 회계의 기초분야를 다룬다. 따라서 자산·부채·자본 항목 중에서 가장 기초가 되는 계정과목에 대하여 설명한다. 즉 당좌자산, 재고자산, 비유동자산 등에 대하여 설명한다. 재무상태표와 손익계산서의 실제 표에서의 계정과목과 차이가 발생할 것이다. 당연하다. 이것은 회사가 어떤 사업을 하고 있느냐에 따라 약간의 차이가 발생한다.

가. 유동자산

자산의 가치에 대한 손실을 입지 않고 즉시 현금과 교환될 수 있는 유동성이 큰 자산을 말한다. 즉 재무상태표 작성일로부터 1년 이내에 현금화할 수 있는 자산을 말한다. 당좌자산과 재고자산으로 분류된다.

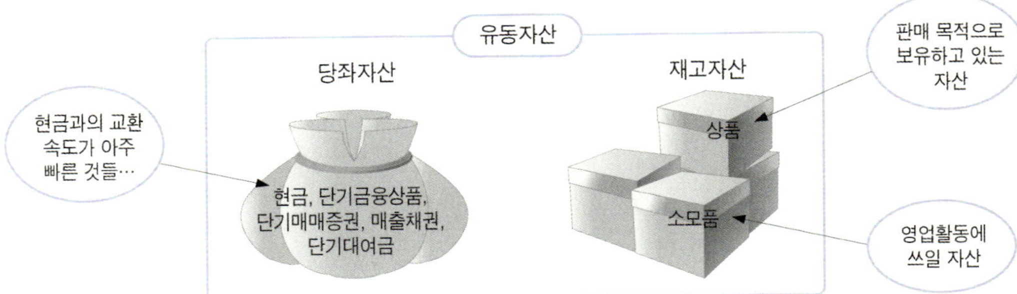

[그림 8-1] 유동자산의 구성

(1) 당좌자산

1) 현금 및 현금성자산

기업에서 가장 편리하게 사용할 수 있는 돈을 말한다. 회계에서는 내용에 따라 현금, 보통예금, 당좌예금, 현금성자산 등으로 분개한다.

현금으로 지폐나 동전, 자기앞수표, 타인발행당좌수표, 송금환, 우편환증서, 만기가 도래한 공·사채의 이자표, 배당금 지급 통지서 등이 있다.

하지만 우표나 수입인지는 현금으로 처리하지 않는다. 통신비나 세금과공과 등의 비용으로 처리한다.

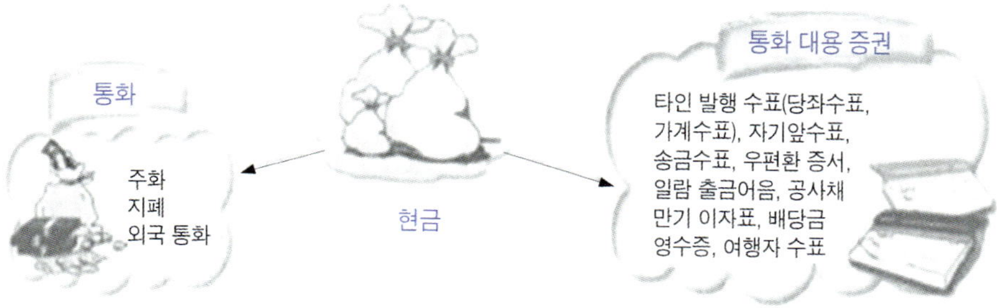

[그림 8-2] 현금에 속하는 통화와 통화대용증권

- 보통예금: 은행에서 수시로 입금과 출금이 가능한 예금
- 당좌예금: 회사에서 은행과의 약정에 의하여 돈을 예치해 놓고, 회사는 필요에 따라 그 금액을 나누어 당좌수표로 발행하는 예금
- 현금성자산: 큰 거래비용이 없이 현금으로 전환이 가능하고, 이자율 변동에 따른 가치변동의 위험이 중요하지 않는 것으로 취득 당시에 만기가 3개월 이내인 것을 말한다. 예를 들어, 취득 당시에 만기가 3개월 이내인 채권, 상환우선주, 환매채, 단기금융상품(정기예금, 정기적금, CD, CMA 등)
- 당좌차월: 회사는 당좌예금 잔액 범위 내에서만 당좌수표를 발행할 수 있다. 초과발행하면 부도가 된다. 그러나 은행과의 약정에 의하여 일정금액까지는 초과하여 발행할 수 있는 계약을 할 때 "당좌차월"이라고 한다. 초과된 금액은 "단기차입금" 계정으로 회계 처리한다.

<분개의 예>

- M 마트로부터 비품 ₩100,000을 구입하고, 거래처 형설마켓으로부터 받은 송금수표를 지급하다.

  (차) 비　품　100,000　(대) 현　금　100,000

- 한라식자재로부터 상품 ₩500,000을 매입하고, 대금 중 반은 현금으로 지급하고 잔액은 외상으로 하다.

  (차) 상　품　500,000　(대) 현　금　250,000
  　　　　　　　　　　　　　외상매입금　250,000

- ××은행과 당좌계약을 맺고, 현금 ₩100,000,000을 당좌예입하다.

  (차) 당좌예금　100,000,000　(대) 현　금　100,000,000

– 한라마트에서 상품 ₩300,000을 매입하고 대금은 당좌수표발행하다.

(차) 상　품	300,000	(대) 당좌예금	300,000

– ××은행의 당좌예금 잔액은 ₩200,000인데, ₩300,000의 상품을 구입하고 전액 당좌수표를 발행하였다(당좌차월 계약이 약정되어 있음).

(차) 상　품	300,000	(대) 당좌예금	200,000
		단기차입금	100,000

2) 단기매매증권

기업이 자금의 여유가 있을 때에는 은행에 예치하기도 하지만 주식, 공채, 사채 등을 매입해 두었다가, 자금이 필요할 때에는 이것을 매각하여 영업자금으로 활용한다. 이와 같이, 단기간 자금을 운영하기 위하여 시장성 있는 증권을 매입하였을 때에는 자산 계정인 단기매매증권으로 처리한다.

- 단기매매증권: 단기간 내의 매매차익을 목적으로 취득한 유가증권(주식, 채권)을 말한다. 해당 주식이나 채권의 매입가액은 취득원가로 처리하고, 증권거래 수수료, 증권거래세 등 취득과 관련있는 부대비용은 영업외비용으로 처리한다.
  기말 결산 시에 회사에서 보유하고 있는 경우에는 시가와 비교하여 평가이익 이나 평가손실로 영업외비용 처리한다.
  팔아서 처분하는 경우에는 단기매매증권 처분이익 또는 처분손실로 처리한다.

※ 주의사항: 자산을 취득할 때 발생하는 운송료, 수수료, 제세금 등은 자산의 취득원가에 포함한다.
예를 들어, 여러분이 택배로 물건을 샀을 때 물건 값에 택배비를 포함하는 것과 같다.
하지만, 상품을 팔 때에는 운반비, 수수료비용, 세금과공과 등의 별도의 비용(판매비와관리비)으로 회계처리한다.

<분개의 예>

– ㈜한경의 주식 500주(1주 액면 ₩5,000)를 @₩6,000에 매입하고 매입 제비용 ₩20,000과 함께 수표 발행하여 지급하다.

(차) 단기매매증권	3,000,000	(대) 당좌예금	3,020,000
수수료비용	20,000		

– 보유 단기매매증권(주식)에 대하여 배당금 ₩10,000이 계좌 이체 받았다.

(차) 현 금	10,000	(대) 배당금수익	10,000

– 보유 단기매매증권(주식)에 대하여 이자 ₩10,000이 계좌 이체되다.

(차) 보통예금	10,000	(대) 이자수익	10,000

– 단기매매증권 ₩50,000,000이 기말에 ₩51,000,000으로 평가되었다.

(차) 단기매매증권	1,000,000	(대) 단기매매증권평가액	1,000,000

– 단기매매증권 ₩50,000,000이 기말에 ₩48,000,000으로 평가되었다.

(차) 단기매매증권평가손실	2,000,000	(대) 단기매매증권	2,000,000

– 단기매매증권 ₩1,000,000을 ₩1,100,000에 매각하였다. 매각수수료 ₩20,000을 차감한 후에 현금으로 받았다.

(차) 현 금	1,080,000	(대) 단기매매증권	1,000,000
		단기매매증권처분이익	80,000

– 전기에 단기매매주식을 ₩200,000에 취득하고 전기결산일에 ₩250,000으로 평가하였다. 이 주식을 당기에 ₩230,000에 매각하고 매각수수료 ₩10,000을 차감한 후에 현금으로 수령하였다.

(차) 현 금	220,000	(대) 단기매매증권	250,000
단기매매증권처분손실	30,000		

3) 매출채권

상품을 매출하는 회사에서 상품을 매입하는 회사에게 외상으로 상품을 팔았을 경우, 매출채권이 발생했다고 한다. 매출채권에는 외상매출금과 받을어음이 있다. 기업회계기준에서는 외부정보이용자에게 공시하는 외부보고용으로 재무상태표를 작성할 때에는 매출채권(외상매출금+받을어음)으로 처리한다. 하지만 회사내부에서는 거래내용을 상세하게 파악하기 위하여 외상매출금, 받을어음으로 각각 기입한다.

- 외상매출금: 기업의 주된 영업활동 즉 상품을 외상으로 팔고 아무런 대가를 받지 않았을 때, 외상매출금으로 처리한다.

- 받을어음: 기업이 상품을 외상으로 팔고, 미래에 일정한 날짜에 지급하겠다는 약속 유가증권을 받았을 때, 받을어음으로 처리한다.
  일반적인 상거래가 아니면 미수금이나 미지급금으로 처리한다.
  - 받을어음의 추심: 어음만기일이 도래하면 어음을 제시하여 어음금액을 받는 것을 말한다. 이 때 은행에서는 수수료를 받는다. 회사는 수수료를 수수료비용(판매비와 관리비)로 회계처리한다.
  - 받을어음의 배서양도: 회사는 상품을 구입하고 대금을 지급할 때, 다른 거래처로부터 받아서 가지고 있는 어음을 상품대금 대신으로 넘겨주는 것을 배서양도라고 한다. 가지고 있는(보유하고 있는) 타인 발행어음을 배서양도하면 받을어음 계정이 감소한다. 즉 받을어음(자산-차변)계정이 대변으로 이동한다.
  - 받을어음의 할인: 회사는 가지고 있는 받을어음을 만기가 되기 전에 현금으로 교환하기 위하여 은행에 가서 만기까지의 금액을 차감하고 받게 되는 것을 말한다. 할인료는 매출채권처분손실(영업외비용)으로 회계처리한다.

[그림 8-3] 당좌수표의 예

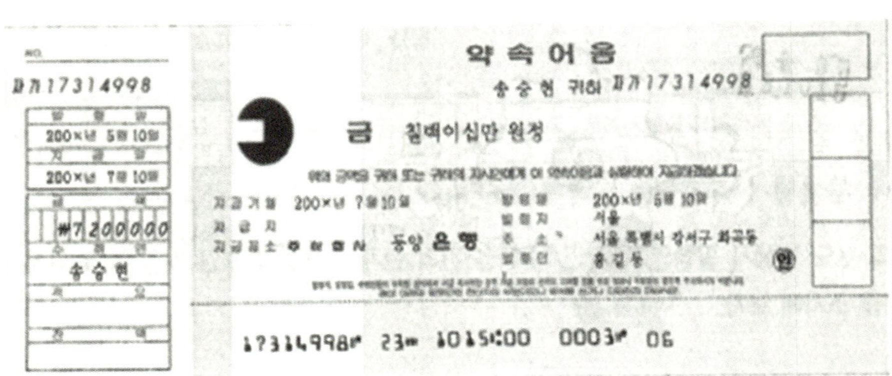

[그림 8-4] 어음의 예

<분개의 예>

– 상품 ₩500,000을 외상으로 매출하다.

(차) 외상매출금	500,000	(대) 상품매출	500,000

– 외상매출금 중 ₩100,000을 현금으로 회수하다.

(차) 현　금	100,000	(대) 외상매출금	100,000

– 외상매출금 ₩200,000을 당점발행 당좌수표로 받다.

(차) 당좌예금	200,000	(대) 외상매출금	200,000

– 상품 ₩700,000을 매출하고, 대금 중 ₩300,000은 현금으로 받고 잔액은 외상으로 하다.

(차) 현　금	300,000	(대) 상품매출	700,000
외상매출금	400,000		

– ㈜영지에 상품 ₩500,000을 매출하고 대금은 약속어음으로 받다.

(차) 받을어음	500,000	(대) 상품매출	500,000

– ㈜영지는 보유 중인 타인발행약속어음 ₩500,000이 만기가 도래하여 은행에 추심을 의뢰하고 수수료 ₩20,000을 차감한 잔액을 현금으로 받았다.

(차) 현　금	480,000	(대) 받을어음	500,000
수수료비용	20,000		

– ㈜성신에 외상매입금 ₩2,000,000을 지급하기 위하여 소유하고 있던 어음을 배서양도하다.

(차) 외상매입금	2,000,000	(대) 받을어음	2,000,000

– ㈜성신은 만기가 2개월 남은 받을어음 ₩10,000,000을 은행에서 할인료 ₩100,000을 차감하고 현금으로 받았다.

(차) 현　금	9,900,000	(대) 받을어음	10,000,000
수수료비용	100,000		

- 미수금: 일반적인 상거래, 즉 상품을 외상으로 팔면 외상매출금으로 처리한다.
  하지만, 일반적인 상거래가 아닌 상품 이외의 자산을 외상으로 파는 경우에도 대금을 받을 권리가 생기는데, 이를 미수금이라고 한다.
  예를 들어, 업무용 차량의 처분, 비품의 매각, 건물 및 유가증권의 처분, 토지의 처분 등에 대한 대금을 나중에 받기로 한 경우에 발생한다. 자산으로 처리한다.
- 미지급금: 미수금과는 반대로 일반적인 상거래가 아닌 상품 이외의 자산을 외상 구입하는 경우에는 대금을 지급할 의무가 생기는데, 이를 미지급금이라고 한다. 부채로 처리한다.

<분개의 예>

– 사용하지 않는 비품 ₩500,000을 처분하고 어음을 받았다.

(차) 미수금	500,000	(대) 비　품	500,000

– 회사가 보유하고 있는 차량운반구를 ₩10,000,000에 팔고 대금은 다음에 받기로 하다.

(차) 미수금	10,000,000	(대) 차량운반구	10,000,000

– 토지를 ₩30,000,000에 구입하고 대금은 어음발행하여 지급하였다.

(차) 토　지	30,000,000	(대) 미지급금	30,000,000

*주의: 상품을 구입하고 어음발행으로 하였으면 지급어음으로 처리한다.

- 대손충당금: 외상매출금, 받을어음 등과 같은 매출채권, 미수금, 대여금 등과 같은 기타채권 등이 채무자의 파산 등으로 받을 수 없는 것을 대손이 발생했다고 한다. 회사에서는 대금을 받지 못하는 경우가 매년 발생하기 때문에 내년을 대비하여 결산 시에 미리 대손예상을 설정하여 준비해 놓은 것을 대손충당금이라 한다.
  대손충당금을 설정하기 위하여 대손이 얼마인지를 파악하는 것을 대손인식이라고 한다. 대손을 인식하는 방법은 직접상각법과 충당금설정법이 있는데 기업회계기준에서는 충당금설정법만 인정하고 있다.

* 주의 사항: 결산 시에 대손충당금이 일부 있으면 부족분을 보충해 준다.
결산 시에 대손충당금이 설정하고도 남았으면 환입해 준다.
(위의 내용은 사례로 풀어보는 것이 이해하기 쉽다.)
일반적인 상거래, 즉 외상매출금과 받을어음의 대손충당금 설정은 대손상각비, 미수금과 대여금 등의 기타채권에 대하여는 기타의 대손상각비로 처리한다.

<분개의 예>

– 2019년 5월 15일에 상품 ₩5,000,000을 외상판매하였다.

(차) 외상매출금	5,000,000	(대) 상품매출	5,000,000

– 2019년 12월 31일 결산 시 외상매출금 ₩5,000,000 중 1%가 대손될 것으로 예상하여 대손충당금을 설정하다.

(차) 대손상각비	50,000	(대) 대손충당금	50,000

– 2020년 2월 10일 외상매출금 중에서 ₩70,000이 대손으로 확정되었다.

(차) 대손충당금	50,000	(대) 외상매출금	70,000
대손상각비	20,000		

– 결산 시에 매출채권 ₩10,000,000에 대하여 1%의 대손충당금을 설정하다.

① 대손충당금 잔액이 없는 경우

(차) 대손상각비	100,000	(대) 대손충당금	100,000

② 대손충당금 잔액이 ₩30,000이 있는 경우

(차) 대손상각비	70,000	(대) 대손충당금	70,000

③ 대손충당금 잔액이 ₩130,000이 있는 경우

(차) 대손충당금	30,000	(대) 대손충당금환입	30,000

– 전기에 대손이 확정되어 감소시켰던 외상매출금 중 ₩10,000을 현금으로 회수하다.

(차) 현　금	10,000	(대) 대손충당금	10,000

- 단기대여금: 다른 회사에게 자금을 빌리거나 빌려주는 것을 금전대차라고 하며, 대여기간이 결산일로부터 1년 이내인 것을 단기대여금, 그 이상을 장기대여금이라고 한다. 대여금에서 발생하는 이자는 이자수익으로 처리한다.
- 선급금: 상품계약을 위하여 계약금 성격으로 미리 지급하는 대금을 말한다. 자산으로 처리한다. 자산이다.
- 선수금: 상품계약으로 물건 값의 일부를 계약금 형식으로 미리 받은 대금을 말한다. 부채로 처리한다.
- 가지급금: 현금이나 수표, 계좌이체를 하였으나 계정과목이나 금액을 확정할 수 없을 때에는 일시적인 가계정인 가지급금으로 처리한다. 그리고 나중에 확정되면 가지급금계정을 대변에 기입하고, 확정된 계정과목을 차변에 기록한다.
- 현금과부족: 현금의 장부상의 잔액과 실제 잔액이 장부기장 잘못이나 보관 부주의 등으로 일치하지

않는 경우에 원인이 밝혀질 때까지 그 차액을 일시적으로 현금과부족으로 처리한다. 결산일까지 밝혀지지 않으면 잡이익이나 잡손실로 회계처리 한다.

<분개의 예>

– 거래처에 8개월의 자금 ₩100,000,000을 대여하다.

(차)	금액	(대)	금액
단기대여금	100,000,000	현 금	100,000,000

– 거래처에 단기로 대여한 자금 중 ₩50,000,000과 이자 ₩1,200,000을 현금으로 회수하다.

(차)	금액	(대)	금액
현 금	51,200,000	단기대여금	50,000,000
		이자수익	1,200,000

– 상품 구입계약을 체결하고 계약금으로 ₩500,000을 현금지급하였다.

(차)	금액	(대)	금액
선급금	500,000	현 금	500,000

– 상품 ₩50,000,000을 구입하고 계약금으로 지급하였던 ₩500,000을 제외한 금액은 현금으로 지급하였다.

(차)	금액	(대)	금액
상 품	50,000,000	선급금	500,000
		현 금	49,500,000

– 거래처와 상품계약을 체결하고 현금 ₩200,000을 계약금으로 받다.

(차)	금액	(대)	금액
현 금	200,000	선수금	200,000

– 출장 가는 직원에게 출장비를 예상하여 현금 ₩300,000을 지급하였다.

(차)	금액	(대)	금액
가지급금	300,000	현 금	300,000

– 직원이 출장에서 돌아와 여비를 정산하고 잔액 ₩50,000을 현금으로 반환하다. 단, ₩300,000을 가지급하였음.

(차)	금액	(대)	금액
여비교통비	250,000	가지급금	300,000
현 금	50,000		

– 장부상의 현금계정 잔액은 ₩600,000 인데, 실제잔액은 ₩550,000으로 나타나 조사 중이다.

(차)	금액	(대)	금액
현금과부족	50,000	현 금	50,000

– 결산일에 현금과부족 금액 ₩50,000에 대한 원인으로 ₩40,000이 수수료지급이 누락되었다는 것을 발견하였다. 나머지는 원인이 밝혀지지 않았다.

(차) 수수료비용	40,000	(대) 현금과부족	50,000
잡손실	10,000		

– 장부상의 현금계정 잔액은 ₩500,000인데, 실제잔액은 ₩600,000으로 나타나 조사 중이다.

(차) 현 금	100,000	(대) 현금과부족	100,000

– 결산일에 현금과부족 금액 ₩100,000에 대한 원인으로 ₩70,000이 수수료 수령 누락되었다는 것을 발견하였다. 나머지는 원인이 밝혀지지 않았다.

(차) 현금과부족	100,000	(대) 수수료수익	70,000
		잡이익	30,000

(2) 재고자산

재고자산은 기업이 판매하기 위하여 보유하거나 물건을 완성하기 위한 부분품으로 가지고 있는 자산을 말한다. 상품, 제품, 재공품, 저장품 등이 있으나 본 과정은 기초과정이기 때문에 상품을 중심으로 설명한다.

1) 상 품

기업은 종류에 따라 물건을 만들어서 파는 회사(예를 들면, 제조기업, xx전자), 물건을 사와서 이익을 붙여 파는 회사(예를 들면, 도·소매기업, xx마트) 등이 존재한다. 상품은 도·소매기업의 상거래에서 발생하는 매입과 매출에 관한 거래를 기록하는 자산을 말한다.

상품을 팔고 이익이 발생하면 회계 처리하는 방법에는 순수계정(1분법)과 혼합계정(2분법)으로 처리하는 방법이 있다. 우리나라의 일반적으로 인정되는 회계원칙(GAAP)은 혼합계정으로 처리하도록 규정되어 있다.

① 순수계정(분기법)으로 처리하는 방법

상품을 팔 때, 매입과 매출금액의 상품을 원가로 기록하고 매출손익은 별도 계정으로 처리하는 방법

<분개의 예>

– 원가 ₩100,000의 상품을 ₩120,000에 팔고 현금으로 받다.

(차) 현 금	120,000	(대) 상품매출	100,000
		상품매출이익	20,000

② 혼합계정(총기법)으로 처리하는 방법

순수계정으로 처리하면 상품을 팔 때마다 상품매출이익을 일일이 분리하여 계산하는 번거로움이 있다. 예를 들어, 백화점, 잡화점과 같은 경우에는 너무나 많은 상품이 오고가기 때문에 힘들 것이다.

이러한 단점을 개선하기 위하여, 상품을 팔 때, 상품원가와 매출손익을 분리하지 않고, 기말 결산 시에 상품재고액을 조사하여 매출이익 또는 매출손실을 일괄하여 계산하는 방법이다.

<분개의 예>

– 원가 ₩100,000의 상품을 ₩120,000에 팔고 현금으로 받다.

(차) 현 금	120,000	(대) 상품매출	120,000

③ 상품매출원가의 계산

혼합계정에서는 결산 시에 상품매출원가를 계산하여 매출액과 상품매출원가의 차이를 계산하여 매출손익을 표시해야 한다. 상품매출원가는 상품의 팔린 금액에 대한 원가를 말한다.

기초상품재고액＋당기상품매입액을 판매가능상품 금액이라고 한다. 예를 들어, 빵집에서 어제 팔고 오늘 남아있는 재고액은 기초상품재고액이다. 그리고 오늘 빵을 다시 매입해 왔다면 당기상품매입액이 된다. 이 두 가지의 빵이 오늘 팔 수 있는 상품금액이기 때문에 판매가능상품 금액이라고 한다.

> 상품매출원가＝기초상품재고액＋당기상품매입액－기말상품재고액
> (판매가능상품 금액)－기말상품재고액
> 매출총이익＝상품매출액－상품매출원가 ＝상품처분이익

2) 재고자산의 취득원가

도·소매기업이 상품을 사올 때에는 각종 부대비용이 발생한다. 예를 들어, 택배비, 운송비, 에누리, 할인 등이 발생한다. 이러한 금액은 상품금액에 포함시키기도 하고 빼기도 한다. 그리하여 최종적으로 당기상품순매입액이 확정되는 것이다.

> 상품취득원가 = 순수한 매입가액 + 취득부대비용 − 매입환출 − 매입에누리 − 매입할인

취득부대비용: 택배비, 운송비, 매입관련 취득세
매입환출: 매입한 상품에 문제(하자)가 있거나 파손이 생겨서 반품하는 것
매입에누리: 원래의 매입금액에서 값을 깎는 금액
매입할인: 외상대금을 미리 갚는 경우 깎아주는 금액

* 주의사항: 상품을 취득할 때 운반비, 수수료, 제세금 등의 취득부대비용은 상품 취득원가에 포함한다. 하지만 상품을 매출할 때에는 영업활동으로 발생하였기 때문에 별도의 비용으로 처리한다.

<분개의 예>

− 상품 ₩100,000을 외상으로 매입하고, 매입 택배비 ₩10,000을 현금으로 지급하다.

(차) 상 품	110,000	(대) 외상매입금	100,000
		현 금	10,000

− 외상매입 상품 중에서 일부분이 파손되어 상품대금에서 ₩7,000을 깎았다.

(차) 외상매입금	7,000	(대) 매입환출및에누리	7,000

− 외상매입대금 ₩100,000을 조기 현금 지급하여 결제대금의 10%를 할인받다.

(차) 외상매입금	100,000	(대) 현 금	90,000
		매입할인	10,000

따라서, 상품취득원가(당기 순매입액) = 110,000 + 10,000 − 7,000 − 10,000
= 103,000

3) 기말 재고자산가액(기말상품재고액) 결정

> 상품매출원가 = 기초상품재고액 + 당기상품매입액 − 기말상품재고액
>
> 매출총이익 = 상품매출액 − 상품매출원가 = 상품처분이익

위의 두 가지 공식에서 당기상품매입액에 세부적으로 관련된 취득부대비용, 매입환출및에누리, 매입할인 등에 대하여 설명하였다. 이제는 기말상품재고액과 관련된 내용을 설명한다. 기말상품재고액은 기말(연말)에 창고에 얼마나 남았는지를 파악해야 금

액이 산출된다. 기말상품재공액을 산출하는 방법에는 여러 가지가 존재한다.

기말 재고자산가액(기말상품재고액) = 수 량 × 단 가

수량	단가
• 계속기록법	• 개별법
• 실지재고조사법	• 선입선출법
• 혼합법	• 후입선출법
	• 총평균법
	• 이동평균법

① 수량결정방법

- 계속기록법: 일년내내(기중)에 상품의 입고·출고수량을 계속적으로 장부에 기록하여 기말에 장부상 판매수량과 재고수량을 파악하는 방법으로 실제 재고수량은 파악할 수 없다.
- 실지재고조사법: 기말에 창고를 직접조사하여 실제 재고수량을 파악하는 방법으로 기중에는 상품의 입고만을 기록하고 기말에 실제 재고 수량을 조사하여 장부상 입고수량에서 실제재고수량을 차감하면 당기판매수량을 파악할 수 있다.
- 혼합법: 계속기록법과 실지재고조사법을 병행하는 방법으로 실무에서 많이 적용하고 있다. 혼합법은 장부상 재고수량과 실제 재고수량을 모두 알 수 있기 때문에 기중에 보관하면서 발생한 도난이나 파손의 재고 감모수량도 파악할 수 있다.

② 단가결정방법(원가흐름의 가정)

회사에서는 상품을 언제 구입하느냐에 구입단가가 달라지기도 한다. 상품을 팔 때에는 언제 구입한 물건을 파느냐는 팔리는 순서에 따라 원가도 달라지기 마련이다. 언제 구입한 물건을 팔았는지를 일일이 찾기에는 번거롭기 때문에 구입한 상품이 팔리는 순서에 대하여 일정한 가정을 하는바, 이를 원가흐름이 가정이라고 한다.

- 개별법: 개별적으로 각 상품에 단가표를 붙여서, 그 상품이 출고될 때 출고 단가를 그 단가표로 산정하는 방법이다. 가장 정확한 단가결정을 할 수 있으나 골동품, 미술품 등의 회사 외에는 실무적용이 어렵다.
- 선입선출법(FIFO): 먼저 입고한 상품을 먼저 출고한다는 가정으로 단가를 산정하는 방법이다. 따라서 기말상품재고액은 가장 최근에 입고된 단가로 구성된다. 왜냐하면, 가장 최근에 입고된 상품이 재고로 남아 있기 때문이다.
- 후입선출법(LIFO): 나중에 입고한 상품을 먼저 출고한다는 가정으로 단가를 산정

하는 방법이다. 따라서 기말 상품재고액은 가장 오래전에 입고된 단가로 구성된다. 즉 기초 상품재고액으로 남아있는 상품이 기말상품재고액이 될 수 있다.

- 총평균법: 기말에 총입고금액을 총입고수량으로 나누어 총평균단가를 산정하고, 그 단가를 출고수량과 기말재고수량에 곱하여 기말 상품재고액을 산출한다.
- 이동평균법: 입고될 때마다 새로 입고된 수량 및 상품금액과 기존에 있던 수량 및 상품 금액을 합하여 새로운 평균단가를 구하여 출고단가로 결정하는 방법이다.

<단가결정방법을 적용한 기말 상품재고액 산정 예제>

7월 1일 전기이월 40개 @₩230 9,200
6일 매 입 20개 @₩260 5,200
14일 매 출 50개 @₩300 15,000
23일 매 입 30개 @₩280 8,400
27일 매 출 20개 @₩300 6,000

상품재고장

선입선출법 품명: ××상품 (단위 : 천원)

날 짜	적 요	입 고			출 고			잔 액		
		수량	단가	금액	수량	단가	금액	수량	단가	금액
7/1	전기이월	40	230	9,200				40	230	9,200
7/6	매 입	20	260	5,200				40	230	9,200
								20	260	5,200
7/14	매 출				40	230	9,200			
					10	260	2,600	10	260	2,600
7/23	매 입	30	280	8,400				10	260	2,600
								30	280	8,400
7/27	매 출				10	260	2,600			
					10	280	2,800	20	280	5,600
7/30	차기이월				20	280	5,600			
		90		22,800	90		22,800			
8/1	전기이월	20	280	5,600				20	280	5,600

*기말재고자산액 = 20개 × @280원 = 5,600원
**매출원가 = 판매가능상품 − 기말재고자산액 = 22,800 − 5,600 = 17,200원

상품재고장

후입선출법 품명: ××상품 (단위 : 천원)

날 짜	적 요	입 고			출 고			잔 액		
		수량	단가	금액	수량	단가	금액	수량	단가	금액
7/1	전기이월	40	230	9,200				40	230	9,200
7/6	매 입	20	260	5,200				40	230	9,200
								20	260	5,200
7/14	매 출				20	260	5,200			
					30	230	6,900	10	230	2,300
7/23	매 입	30	280	8,400				10	230	2,300
								30	280	8,400
7/27	매 출				20	280	5,600	10	230	2,300
								10	280	2,800
7/30	차기이월				10	230	2,300			
					10	280	2,800			
		90		22,800	90		22,800			
8/1	전기이월	10	230	2,300				10	230	2,300
		10	280	2,800				10	280	2,800

*기말재고자산액 = (10개 × @230원) + (10개 × @280원) = 5,100원

**매출원가 = 판매가능상품 − 기말재고자산액 = 22,800 − 5,100 = 17,700원

상품재고장

이동평균법 품명: ××상품 (단위 : 천원)

날 짜	적 요	입 고			출 고			잔 액		
		수량	단가	금액	수량	단가	금액	수량	단가	금액
7/1	전기이월	40	230	9,200				40	230	9,200
7/6	매 입	20	260	5,200				60	240	14,400
7/14	매 출				50	240	1,200	10	240	2,400
7/23	매 입	30	280	8,400				40	270	10,800
7/27	매 출				20	270	5,400	20	270	5,400
7/30	차기이월				20	270	5,400			
		90		22,800	90		22,800			
8/1	전기이월	20	270	5,400				20	270	5,400

*기말재고자산액 = 20개 × @270원 = 5,400원

**매출원가 = 판매가능상품 − 기말재고자산액 = 22,800 − 5,400 = 17,400원

상품재고장

총평균법 품명: ××상품 (단위 : 천원)

날 짜	적 요	입 고			출 고			잔 액		
		수량	단가	금액	수량	단가	금액	수량	단가	금액
7/1	전기이월	40	230	9,200				40		
7/6	매 입	20	260	5,200				60		
7/14	매 출				50	253.3*	12,665	10		
7/23	매 입	30	280	8,400				40		
7/27	매 출				20	253.3	5,066	20	253.3	5,066**
7/30	차기이월				20	253.3	5,066			
		90		22,800	90		22,800			
8/1	전기이월	20	253.3	5,066				20	253.3	5,066

*(9,200+5,200+8,400)÷(40+20+30)=253.3
**22,800−(12,650+5,066)=5,066
*기말재고자산액=20개×@253원=5,066원
**매출원가=판매가능상품−기말재고자산액=22,800−5,066=17,734원

– 기말재고수량(20개)이 기초재고수량(40개)보다 적을 때
기말상품재고액 크기: 선입선출법 5,600원>이동평균법 5,400원>후입선출법 5,100원>총평균법 5,060원
매출원가 크기: 선입선출법 17,200원<이동평균법 17,400원<후입선출법 17,700원<총평균법 17,734

– 기말재고수량(20개)이 기초재고수량보다 크거나 같을 때
기말상품재고액 크기: 선입선출법>이동평균법>총평균법>후입선출법
매출원가 크기: 선입선출법<이동평균법<총평균법<후입선출법

나. 비유동자산

(1) 투자자산

투자자산은 다른 회사를 지배하거나 여유 자금을 장기간에 걸쳐 활용하기 위하여 취득한 자산을 말한다.

- 투자부동산: 투자를 목적으로 소유하는 토지, 건물 등의 부동산을 말한다. 따라서, 영업용으로 사용하기 위하여 취득한 것은 유형자산으로 처리한다.
- 장기금융상품: 만기가 결산일로부터 1년 이후에 도래하는 정기예금, 정기 적금 등과 같은 금융상품
- 장기대여금: 차용증서를 받고 타인에게 빌려준 자금으로 만기가 결산일로부터 1년 이후에 도래하는 대여금

<분개의 예>

– 투자를 목적으로 건물 ₩200,000,000을 취득하고, 대금은 수표발행하여 지급하다.

(차) 투자부동산	200,000,000	(대) 당좌예금	200,000,000

– 이 달의 정기적금 ₩1,000,000을 은행에 납부하기 위하여 보통예금에서 계좌이체하다.

(차) 장기성예금	1,000,000	(대) 보통예금	1,000,000

– ㈜성실에 대여기간 3년 약정으로 수표 ₩30,000,000을 발행하여 대여하다.

(차) 장기대여금	30,000,000	(대) 당좌예금	30,000,000

(2) 유형자산

유형자산은 ① 영업활동에 사용할 목적으로 ② 여러 회계기간(장기간) 동안 사용하는 ③ 물리적 형제가 있는 자산을 말한다.

- 구축물: 건물의 부속설비에 속하지 않고 토지에 정착되어 있는 토목 설비, 공작물 등을 총괄 처리하는 계정을 말한다.
- 기계장치: 각종 기계와 부속설비를 말한다. 취득원가에는 기계장치의 가격과 수송비, 설치비 및 기계장치가 가동되기까지의 제비용(모든 비용)을 포함한다.
- 차량운반구: 영업활동을 위하여 사용하는 자동차, 오토바이, 트럭 등을 말한다.
- 비　품: 영업활동을 위하여 사용하는 금고, 책상, 컴퓨터, 의자 등 금액이 상당하고 내용 연수가 1년 이상인 자산을 말한다.
- 건설중인자산: 건설을 완료하기 전까지 건설을 위하여 지출한 금액을 일시적으로 처리하는 계정으로 건설이 완료되면 건물 등의 해당계정으로 대체된다.

* 주의사항: 유형자산을 구입할 때 관련된 취득부대비용(외부운송비, 설치비, 시운전비, 중개수수료, 취득세 등 취득과 관련된 제세공과금)은 취득원가에 포함시킨다. 그러나 재산세, 종합부동산세 보험료, 보관비용 등은 취득이 아니라 보유하면서 지출하는 비용이기 때문에 취득원가에 포함하지 않고 당기 비용으로 처리한다.

<분개의 예>

– 토지 ₩100,000,000 구입하고 대금은 현금지급하다. 중개수수료 ₩900,000 등기료 및 기타 제비용 ₩100,000은 현금지급하다.

(차) 토 지	101,000,000	(대) 현 금	101,000,000

- 토 지: 영업활동을 위하여 구입하거나 처분하기 위하여 보유하는 대지, 임야(산), 전(밭), 답(논) 등을 말한다.
- 건 물: 영업활용을 위하여 사용할 점포, 사무실, 공장, 창고 등을 구입하거나 신축, 처분할 때 기록하는 자산계정을 말한다. 부속설비로서 냉난방 시설, 조명, 기타부속설비 등을 할 때에도 건물 계정을 사용한다.

– 건물을 ₩500,000,000에 신축하기로 하고, 착수금으로 ₩50,000,000을 계좌이체하다.

(차) 건설중인자산	50,000,000	(대) 현 금	50,000,000

– 위의 건물이 완공되어 인수하고 잔액을 수표발행하여 지급하다.

(차) 건 물	500,000,000	(대) 건설중인자산	50,000,000
		당좌예금	450,000,000

– 위 건물의 취득세, 등기료 등의 제비용 ₩200,000을 현금으로 지급하다.

(차) 건 물	200,000	(대) 현 금	200,000

– 건물의 한 부분을 개축하기로 하고 개축비 ₩400,000, 수선비 ₩100,000을 현금지급하다.

(차) 건 물	400,000	(대) 현 금	500,000
수선비	100,000		

– 토지 하수도 공사를 위하여 ₩100,000을 현금지급하다.

(차) 구축물	100,000	(대) 현 금	100,000

– 영업용의 사용할 컴퓨터, 책상, 의자 등을 ₩20,000,000에 구입하고 인수비용 ₩70,000원과 함께 계좌이체하다.

(차) 비 품	20,070,000	(대) 현 금	20,070,000

– 공장설립을 위하여 기계 ₩50,000,000, 트럭 ₩10,000,000을 외상구입하다.

(차) 기계장치	50,000,000	(대) 미지급금	60,000,000
차량운반구	10,000,000		

(3) 유형자산 취득 후의 지출 회계처리

유형자산을 취득한 후에 세월이 지나면서 유리창을 수선하거나 엘리베이터를 수리하는 등의 사건이 발생할 때 회계 처리하는 방법이 필요하다. 우선 지출은 성격에 따라 자본적 지출과 수익적 지출로 구분한다.

1) 자본적 지출

유형자산 취득 후에 발생하는 지출이 내용연수를 증가시키거나 성능 수준을 현저히 향상시켜 미래 경제적 효익을 증가시키는 지출을 말한다. 일반기업회계기준에서 열거하는 자본적 지출은 ① 본래의 용도를 변경하기 위한 개조, ② 엘리베이터 또는 냉난방 장치의 설치, ③ 빌딩 등에 있어서 피난시설 등의 설치, ④ 재해 등으로 인한 건물, 기계, 설비 등이 멸실, 훼손되어 당해 자산의 본래 용도에 이용가치가 없는 것의 복구, ⑤ 기타 개량, 확장, 증설 등 자산의 가치를 증가시키는 것 등이 있다.

자본적 지출은 해당 자산의 취득원가에 포함한다.

<분개의 예>

– 회사의 건물에 엘리베이터를 설치하고 공사대금 ₩5,000,000을 계좌이체하다.

(차) 건 물	5,000,000	(대) 현 금	5,000,000

2) 수익적 지출

유형자산 취득 후에 발생하는 지출이 단순하게 성능수준을 회복하거나 유지하기 위한 비용을 말한다. 일반기업회계기준에서 열거하는 수익적 지출은 ① 건물 또는 벽의

도장, ② 파손된 유리나 기와의 대체, ③ 기계의 소모된 부속품과 벨트의 대체, ④ 자동차의 타이어 튜브의 대체, ⑤ 재해를 입은 자산에 대한 외장의 복구, 도장, 유리의 삽입, ⑥ 기타 조업 가능한 상태의 유지 등을 위한 것 등이 있다.

수익적 지출은 수선비나 차량유지비 등의 당기비용으로 회계처리한다.

<분개의 예>

– 회사의 건물 일부에 유리창이 파손되어 수리비 ₩200,000을 현금지급하다.

(차) 수선비	200,000	(대) 현 금	200,000

3) 자본적 지출과 수익적 지출의 오류 발생 영향

자본적 지출을 수익적 지출로 잘못 처리하는 경우, 즉 자산으로 처리해야 하는 것을 비용으로 처리하는 경우에는 자산 감소, 비용 증가, 당기순이익 감소, 자본 감소가 발생한다.

반대로 수익적 지출을 자본적 지출로 잘못 처리하는 경우, 즉 비용으로 처리해야 하는 것을 자산으로 처리하는 경우에는 자산 증가, 비용 감소, 당기순이익 증가, 자본 증가의 오류가 발생한다.

(1) 유형자산의 감가상각

감가상각이란 건물, 비품, 차량운반구 등의 유형자산이 시간경과, 사용에 의한 소모, 기술변화 등에 따라 진부화로 경제적 효익이 감소하는데, 이러한 현상을 측정하여 사용기간(내용연수)에 걸쳐서 비용으로 배분하는 절차를 말한다. 하지만 토지는 감가상각을 하지 않는다. 또한 건설중인자산도 아직 건설이 완료되지 않았기 때문에 감가상각을 하지 않으며, 건설이 완료되어 건물로 완성되면 감가상각이 시작된다.

1) 감가상각비의 회계처리

(차) 감가상각비	×××	(대) 감가상각누계액	×××

2) 감가상각비 계산요소

감가상각비를 계산하기 위해서는 취득원가, 내용연수, 잔존가치 등의 요소들이 필요하다.

– 취득원가: 자산의 취득가격과 취득부대비용을 합한 금액을 말한다. 자본적 지출은 발생시점에 취득원가에 포함되어 잔존(남은)내용연수 동안 감가상각된다.

– 내용연수: 자산의 사용기간
– 잔존가치: 내용연수가 완료되는 시점에서 사용하고 남은 것을 처분할 때, 예상 처분가액에서 처분비용을 뺀 금액을 말한다.

3) 감가상각방법

자산의 감가상각비 계산방법으로는 정액법, 정률법, 생산량 비례법, 연수합계법 등 다양하다. 회계의 기초부분에서는 정액법과 정률법만 설명한다.

① 정액법: 감가상각비 = (취득원가 – 잔존가치) ÷ 내용연수
② 정률법: 감가상각비 = (취득원가 – 직전년도 감가상각누계액) × 정률
= 미상각잔액 × 정률

[예 제]
취득원가 ₩10,000,000의 공장기계에 대하여 정액법과 정률법의 감가상각을 하시오. 내용연수는 5년, 정률은 0.45이다. 잔존가치는 0으로 한다.

사업연도	정액법	정률법
1차 년도	₩2,000,000	₩4,500,000
1차 년도	₩2,000,000	₩2,475,000
3차 년도	₩2,000,000	₩1,361,250
4차 년도	₩2,000,000	₩748,688
5차 년도	₩2,000,000	₩411,778

해답 **1차 년도 분개**
정액법: (차) 감가상각비 2,000,000 (대) 기계장치 감가상각누계액 2,000,000
정률법: (차) 감가상각비 4,500,000 (대) 기계장치 감가상각누계액 4,500,000
2차 년도 분개
정액법: (차) 감가상각비 2,000,000 (대) 기계장치 감가상각누계액 2,000,000
정률법: (차) 감가상각비 2,475,000 (대) 기계장치 감가상각누계액 2,475,000

감가상각비는 손익계산서의 비용으로 기재하고, 감가상각누계액은 재무상태표의 해당계정에서 차감하는 형식으로 기재한다.

재무상태표

유형자산		
건물	100,000	
감가상각누계액	(20,000)	
	80,000	

4) 정액법과 정률법의 감가상각비와 장부가액 그래프

[정액법]

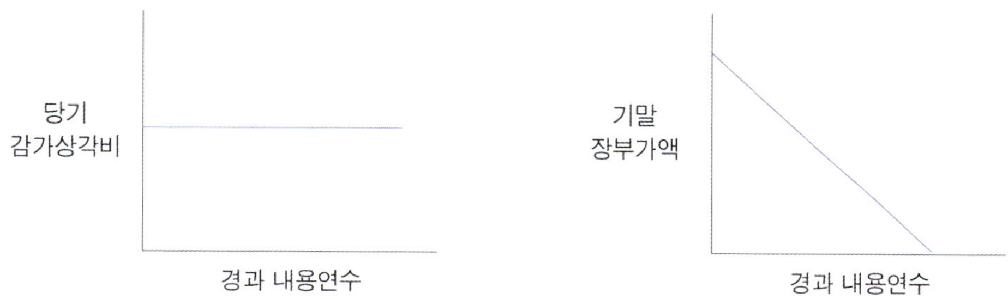

[정률법]

5) 유형자산 처분

회사가 가지고 있는 유형자산을 처분할 때에는 처음 샀을 때의 취득원가와 감가상각으로 비용 배분을 해 둔 감가상각누계액은 필요 없어졌으므로 감소시킨다. 즉 처분 거래된 가격과 처분 전의 장부가액(취득원가 – 감가상각누계액)을 비교하여 처분손익을 산출한다.

<분개의 예>

– 건물을 ₩50,000,000에 매각하고 대금은 수수료 ₩200,000을 차감하고 현금으로

받았다. 건물의 취득원가는 ₩40,000,000, 감가상각누계액 ₩5,000,000이다.

(차)		(대)	
현 금	49,800,000	건 물	40,000,000
감가상각누계액	5,000,000	유형자산처분이익	14,800,000

– 회사가 소유하고 있는 승용차를 ₩12,000,000에 매각하고 현금으로 받았다. 처분 시점의 취득가액은 ₩15,000,000 감가상각누계액 ₩2,000,000이다.

(차)		(대)	
현 금	12,000,000	차량운반구	15,000,000
감가상각누계액	2,000,000		
유형자산처분손실	1,000,000		

(3) 무형자산

회사가 영업활동에 사용하기 위하여 장기간 보유하는 물리적 형체가 없는 자산으로 ① 식별가능하고, ② 기업이 통제하고 있으며, ③ 미래 경제적 효익이 있는 자산을 말한다.

- 산업재산권: 일정기간 독점적·배타적으로 이용할 수 있는 권리로서 특허권, 실용신안권, 디자인권, 상품권 등을 말한다.
- 개발비: 신제품 또는 신기술의 연구를 위하여 지출한 임시 거액의 특별한 지출로서 미래경제적 효익의 유입가능성이 매우 높고 금액을 신뢰성 있게 측정할 수 있는 것을 말한다.
- 소프트웨어: 회계프로그램, 오피스프로그램 등 컴퓨터 소프트웨 구입 금액을 말한다.
- 영업권: 회사의 유리한 위치, 기업 브랜드, 우수한 경영진, 넓고 뛰어난 영업능력 등 동종의 타 기업보다 유리한 내용들을 모은 무형의 자원을 말한다. 사업합병에 의하여 외부로부터 취득한 권리만을 인정하며, 기업 내부적으로 계상한 영업권은 인정되지 않는다.

<분개의 예>

– ㈜상원은 신제품 개발에 성공하여 특허권을 취득하고, 취득부대비용으로 ₩5,000,000을 지급하다. 특허를 위한 개발비 계정 잔액은 ₩35,000,000이 있다.

(차)		(대)	
산업재산권	40,000,000	개발비	35,000,000
		현 금	5,000,000

(4) 기타비유동자산

비유동자산 중 투자자산, 유형자산, 무형자산에 속하지 않는 자산을 말한다.

- 장기외상매출금: 영업활동으로 상품을 매출하고 결산일로부터 1년 이후에 받게 되는 외상대금을 말한다.
- 장기받을어음: 영업활동으로 상품을 매출하고 결산일로부터 1년 이후에 받게 되는 받을어음을 말한다.
- 장기매출채권: 장기외상매출금+장기받을어음
- 전세권: 월세조건이 아닌 타인의 부동산을 사용하기 위한 임대인에게 지급하는 전세금을 말한다.
- 장기미수금: 일상적인 상거래(영업활동) 이외의 거래에서 발생하는 결산일로부터 1년 이후에 받게 되는 금액을 말한다.
- 임차보증금: 타인의 부동산을 사용하기 위하여 월세조건으로 계약하여 지급하는 보증금을 말한다.

<분개의 예>

– 월세 조건으로 사무실을 임차하고 보증금 ₩1,000,000을 현금으로 지급하다.

(차) 임차보증금 1,000,000 (대) 현 금 1,000,000

* 주의사항

구 분	임차인 (세입자)	임대인 (주인)
월 세	임차료(비용)	임대료(수익)
보 증 금	임차보증금(자산)	임대보증금(부채)

연습문제

01. 다음 계정과목을 유동자산, 비유동자산, 유동부채, 비유동부채, 자본항목으로 분류하시오.

현금 및 현금성자산(①), 단기금융자산(②), 비품(③), 선수수익(④), 장기차입금(⑤), 미지급비용(⑥), 토지(⑦), 건물(⑧), 기계장치(⑨), 지급어음(⑩), 매입채무(⑪), 매출채권(⑫), 재고자산(⑬), 선급금(⑭), 미수금(⑮)

해답 ① 유동자산 ② 유동자산 ③ 비유동자산 ④ 유동부채 ⑤ 비유동부채
⑥ 유동부채 ⑦ 비유동자산 ⑧ 비유동자산 ⑨ 비유동자산 ⑩ 유동부채 ⑪ 유동부채
⑫ 유동자산 ⑬ 유동자산 ⑭ 유동자산 ⑮ 유동자산

02. 다음은 ㈜한라의 손익계산서 자료이다. 아래의 물음에 답하시오.

단기매매증권처분이익	₩100,000	대손상각비	₩10,000	감가상각비	₩7,000
광고선전비	3,000	외화환산손실	1,000	기부금	500
매출액	500,000	급 여	4,000	외환차손	500
법인세등	700	보 험 료	800	세금과공과	100
매출원가	300,000				

1) 매출총이익은 얼마인가?

2) 영업외비용은 얼마인가?

3) 영업이익은 얼마인가?

해답 1) 매출액－매출원가＝500,000－300,000＝200,000
2) 외화환산손실 1,000＋기부금 500＋외환차손 500＝1,100
3) 매출총이익 200,000－대손상각비 10,000－감가상각비 7,000
－광고선전비 3,000－급여 4,000－보험료 800－세금과공과 100＝₩175,100

03. 다음 자료에 의하여 자산, 부채, 자본의 각 금액을 구하시오.

<자료>

현 금	₩500,000	건 물	₩3,000,000	외상매출금	₩1,000,000
받을어음	₩200,000	외상매입금	₩1,800,000	지급어음	₩2,000,000
상 품	₩1,500,000	차입금	₩400,000		

해답 자산＝현금＋건물＋외상매출금＋받을어음＋상품
＝500,000＋3,000,000＋1,000,000＋200,000＋1,500,000
＝6,200,000
부채＝외상매입금＋지급어음＋차입금
＝1,800,000＋2,000,000＋400,000
＝4,200,000
자본＝자산－부채＝6,200,000－4,200,000＝2,000,000

04. 5년 전에 ₩10,000,000에 매입한 건물을 ₩8,000,000에 처분하고, 대금은 4개월 뒤에 받기로 하였다면, 이 거래에 대한 설명으로 옳은 것은? (단, 감가상각은 고려하지 않는다.)

① 부채와 이익이 증가한다.
② 부채와 비용이 감소한다.
③ 자산과 부채가 증가한다
④ 자산은 감소하고, 비용이 증가한다.

해답 ④ (차) 미수금 8,000,000 (대) 건 물 10,000,000
유형자산처분손실 2,000,000
따라서 자산은 감소하고 비용이 증가한다.

05. 다음은 유형자산 취득과 관련된 내용이다. 취득원가에 포함되는 것으로 옳은 것은?

① 광고 및 판촉활동 관련원가
② 설치장소 준비원가
③ 관리 및 기타 일반간접원가
④ 직원교육훈련비

해답 ② 유형자산취득에 포함되는 취득부대비용으로는 설치장소 준비원가, 최초의 운송 및 취급관련원가, 설치원가 및 조립원가, 전문가에게 지급하는 수수료 등이 있다.

06. ㈜도산 이 파산하여 전기에 발생한 외상매출금 ₩70,000이 대손 발생했을 경우의 분개를 할 경우, 차변에 기입될 계정과목 및 금액은? (단, 대손충당금 잔액 ₩100,000)

① 대손충당금환입 100,000 ② 대손충당금 100,000
③ 대손충당금 70,000 ④ 대손충당금 30,000

해답 ③ 대손충당금 잔액이 ₩100,000이 있기 때문에 그 금액으로 충당하면 된다. 따라서 분개는 대손충당금 70,000/외상매출금 70,000이다.

07. 다음 자료에 의하여 매출원가를 구하면? <제81회 전산회계 2급>

- 기초 상품 재고액 : 700,000원
- 당기 총매입액 : 1,200,000원
- 기말 상품 재고액 : 400,000원
- 상품 매입시 운반비 : 20,000원
- 매입환출 및 에누리 : 150,000원

① 1,070,000원 ② 1,370,000원 ③ 1,530,000원 ④ 1,770,000원

해답 ② 기초 상품재고액 700,000원+(당기 총매입액 1,200,000원+상품매입 운반비 20,000원 −매입환출 및 에누리 150,000원)−기말 상품재고액 400,000원=1,370,000원

08. 다음 설명의 (Ⓐ), (Ⓑ)의 내용으로 옳은 것은? <제81회 전산회계 2급>

정상적인 영업과정에서 판매할 목적으로 자산을 취득하면 (Ⓐ)으로, 시세차익을 목적으로 자산을 취득하면 (Ⓑ)으로 처리한다.

	Ⓐ	Ⓑ
①	투자자산	유형자산
②	재고자산	투자자산
③	무형자산	당좌자산
④	유형자산	비유동자산

해답 ② 영업활동이나 경영활동의 판매목적으로 자산 취득하면 재고자산이며, 시세차익을 목적으로 자산 취득하면 투자자산계정으로 인식한다.

09. 다음 보기 내용에 맞는 올바른 회계처리는? <제81회 전산회계 기출>

제품을 공급하고 받은 약속어음 550,000원을 주 거래 국민은행에서 50,000원 할인비용을 차감한 후 보통예금계좌로 입금 받았다(매각거래로 처리할 것).

①	(차)	보통예금	500,000원	(대)	받을어음	550,000원
		매출채권처분손실	50,000원			
②	(차)	보통예금	500,000원	(대)	받을어음	500,000원
		매출채권처분손실	50,000원		현 금	50,000원
③	(차)	보통예금	500,000원	(대)	받을어음	550,000원
		수수료비용	50,000원			
④	(차)	보통예금	500,000원	(대)	받을어음	500,000원

해답 ① 만기도래 전 받을어음을 할인할 경우 할인금액은 매출채권처분손실계정으로 처리한다.

10. 건물의 에어컨을 수리하고 대금을 현금으로 지급한 후 수익적 지출로 처리할 것을 자본적 지출로 잘못 처리한 경우에 발생하는 효과로 옳은 것은? <제81회 전산회계 기출>

① 자산은 감소하고 부채가 증가한다.

② 자산은 증가하고 비용도 증가한다.

③ 자산은 감소하고 이익도 감소한다.

④ 자산은 증가하고 비용은 감소한다.

해답 ④ 수익적 지출로 처리하면 비용이 발생하게 되는데 이를 자본적 지출로 처리하게 되면 자산이 증가하는 대신에 비용이 감소하게 된다.
예) 수익적 지출시 : 차변) 수선비 대변) 현금
자본적 지출시 : 차변) 건물 대변) 현금

11. 다음 거래에 대한 기말 분개로 가장 옳은 것은? <제80회 전산회계 기출>

12월 31일 결산시 외상매출금 잔액 10,000,000원에 대해 1%의 대손을 예상하였다(단, 당사는 보충법을 사용하고 있으며 기말 분개 전 대손충당금 잔액은 50,000원이 계상되어 있다).

① (차) 대손충당금 100,000원 (대) 대손상각비 100,000원

② (차) 대손상각비 50,000원 (대) 대손충당금 50,000원

③ (차) 대손상각비 100,000원 (대) 외상매출금 100,000원

④ (차) 대손상각비 100,000원 (대) 대손충당금 100,000원

해답 ② 결산일 대손추산액 : 외상매출금 10,000,000원×대손율 1%=100,000원−대손충당금 50,000원
=50,000원(추가설정)

12. 결산 결과 당기순이익 500,000원이 발생하였으나, 기말 정리 사항이 다음과 같이 누락되었다. 수정 후의 당기순이익은 얼마인가? <제80회 전산회계 기출>

• 임대료 미수분 20,000원을 계상하지 않았다. • 단기차입금에 대한 이자미지급액 15,000원을 계상하지 않았다.

① 465,000원 ② 495,000원 ③ 505,000원 ④ 535,000원

해답 ③ 수정후 당기순이익 : 500,000원+임대료 미수분 20,000원−이자 미지급액 15,000원
=505,000원

13. 다음의 재고자산에 대한 설명 중 틀린 것은? <제80회 전산회계 기출>

① 판매를 목적으로 보유하는 자산은 재고자산에 해당한다.

② 재고자산은 유동자산에 속하는 자산이다.

③ 재고자산은 취득원가를 장부금액으로 한다. 다만, 시가가 취득원가보다 낮은 경우에는 시가를 장부금액으로 한다.

④ 재고자산을 판매하기 위하여 발생하는 비용도 재고자산의 취득원가에 포함된다.

해답 ④ 재고자산을 판매하기 위하여 발생하는 비용은 취득원가에 포함하지 않고 판매관리비로 처리한다.

14. 다음 재고자산의 취득원가에서 차감하지 않는 것은? <제80회 전산회계 기출>

① 매입부대비용 ② 매입환출

③ 매입에누리 ④ 매입할인

해답 ① 매입부대비용. 재고자산을 매입함에 따른 부대비용은 재고자산의 취득원가에 가산한다.

15. 선입선출법에 의한 블루진상사 기말 상품재고액은 얼마인가? <제79회 전산회계 기출>

- 기초상품 : 100개(@2,000원)
- 당기상품매입 : 900개(@3,000원)
- 당기상품판매 : 800개(@4,000원)

① 300,000원 ② 360,000원 ③ 400,000원 ④ 600,000원

해답 ④ 기말상품재고수량은 당기매입분 200개이고 상품원가는 단위당 3,000원이므로 기말상품재고액은 600,000원이다.

16. 다음 거래와 관련된 설명으로 옳은 것은? <제79회 전산회계 기출>

업무용 승용차를 30,000,000원에 구입하고 대금 중 20,000,000원은 보통예금에서 이체하였으며 10,000,000원은 신용카드(일시불)로 계산하였다. 승용차 구입관련 취득세 2,000,000원은 현금으로 지급하였다.

① 비용발생인 세금과공과금으로 계상되는 금액은 2,000,000원이다.

② 부채증가인 미지급금으로 계상되는 금액은 20,000,000원이다.

③ 자산증가인 보통예금으로 계상되는 금액은 10,000,000원이다.

④ 자산증가인 차량운반구로 계상되는 금액은 32,000,000원이다.

해답 ④ 위의 거래는 다음과 같이 분개된다.

차량운반구(자산의 증가) 32,000,000	보통예금(자산의 감소) 20,000,000
	미지급금(부채의 증가) 10,000,000
	현　　금(자산의 감소) 2,000,000

17. 다음 중 재고자산으로 분류되는 것은? <제79회 전산회계 기출>

① 투자 목적으로 취득한 건물
② 사무실에서 사용하는 책상과 의자
③ 부동산매매업자가 판매하기 위해 보유하고 있는 토지
④ 직원용 휴게실에 비치되어 있는 TV

해답 ③ 판매용이므로 재고자산임.

18. 다음에서 설명하고 있는 자산에 해당하는 계정과목은? <제79회 전산회계 기출>

- 보고기간종료일로부터 1년 이상 장기간 사용가능한 자산
- 영업활동에 사용할 목적으로 보유한 자산
- 물리적 형태가 있는 자산

① 상품　② 비품　③ 임차보증금　④ 외상매출금

해답 ② 보기의 내용은 유형자산에 대한 설명이다.
상품 : 재고자산, 임차보증금 : 기타비유동자산, 외상매출금 : 당좌자산

19. 외상대금의 조기회수로 인한 매출할인을 당기 총매출액에서 차감하지 않고, 영업외비용으로 처리하였을 경우 손익계산서상 매출총이익과 당기순이익에 미치는 영향으로 옳은 것은? <제79회 전산회계 기출>

	매출총이익	당기순이익		매출총이익	당기순이익
①	과소계상	과대계상	②	과소계상	불　변
③	과대계상	불　변	④	과대계상	과소계상

해답 ③ 매출액의 과대계상으로 매출총이익이 과대계상
매출총이익－판매비와관리비＝영업이익 과대계상
영업이익＋영업외수익－영업외비용＝당기순이익

20. 다음 자료에서 재무상태표에 단기투자자산 항목으로 표시되는 금액은?

<제79회 전산회계 기출>

• 현　금 : 150,000원	• 보통예금 : 200,000원
• 당좌예금 : 100,000원	• 단기매매증권 : 50,000원
• 받을어음 : 100,000원	• 단기대여금 : 80,000원

① 130,000원　② 150,000원　③ 180,000원　④ 230,000원

해답 ① 현금, 보통예금, 당좌예금은 '현금및현금성자산', 받을어음은 '매출채권', 단기매매증권과 단기대여금은 '단기투자자산'으로 표시한다.

21. 다음 중 상품을 외상 및 어음으로 매입, 매출시 발생하는 계정과목이 아닌 것은?

<제81회 전산회계 기출>

① 외상매출금　② 외상매입금
③ 받을어음　④ 미지급금

해답 ④
① 외상매출금은 상품을 외상으로 매출한 경우 사용하는 계정
② 외상매입금은 상품을 외상으로 매입하고 사용하는 계정
③ 받을어음은 상품을 외상으로 매출하고 약속어음을 받은 경우 사용하는 계정
④ 미지급금은 재고자산 이외의 물품을 구매하고 대금을 나중에 지급하는 경우 사용하는 계정

22. 회계상 현금에 해당하지 않는 것으로 옳은 것은?

① 약속어음　② 우편환증서
③ 자기앞수표　④ 타인발행수표

해답 ①

23. 결산시 대차대조표의 현금 및 현금성자산계정에 포함시켜야 할 계정과목은?

① 단기매매증권　② 보통예금
③ 단기금융상품　④ 받을어음

해답 ②

24. 다음 거래에 대한 분개로 옳은 것은?

거래처로부터 외상매출금 ₩500,000 중 ₩200,000은 동점 발행 당좌수표로 받고, 잔액은 당점발행 당좌수표로 받다.

① (차) 현　　금 300,000 (대) 외상매출금 500,000
　　　당좌예금 200,000
② (차) 당좌차월 500,000 (대) 외상매출금 500,000
③ (차) 당좌예금 500,000 (대) 외상매출금 500,000
④ (차) 현　　금 200,000 (대) 외상매출금 500,000
　　　당좌예금 300,000

해답 ④

25. 2009년 1월 2일에 취득하여 매년 정상적으로 감가상각하여 온 다음과 같은 비품에 대하여 2011년 말 감가상각비를 계산한 금액으로 옳은 것은? (결산 연 1회)

• 취득원가 ₩1,000,000	• 내용연수 5년
• 감가상각 방법 정률법	• 상각률(정률) 연 20%

① ₩100,000　② ₩128,000　③ ₩160,000　④ ₩200,000

해답 ②

26. 자산이나 부채의 유동, 비유동성 구분에 대한 설명으로 옳지 않은 것은?

<9급 세무직 공무원>

① 사용의 제한이 없는 현금 및 현금성 자산은 유동자산으로 분류한다.
② 단기매매목적으로 보유하는 자산은 유동자산으로 분류한다.
③ 기존의 차입약정에 따라 재무상태표일로부터 1년을 초과하여 상환할 수 있고 기업이 그러한 의도가 있는 부채라 하더라도. 재무상태일로부터 1년 이내에 상환일이 도래할 경우는 유동부채로 분류한다.
④ 기업의 정상적인 영업주기 내에 실현될 것으로 예상되거나 판매목적 또는 소비목적으로 보유하고 있는 자산은 유동자산으로 분류한다.

해답 ③ 재무상태표일로부터 1년 이내에 상환기일이 도래하더라도, 기존의 차입약정에 따른 재무상태표일로부터 1년을 초과하여 상환할 수도 있고 기업이 그러한 의도가 있는 경우에는 비유동부채로 분류한다.

27. 무형자산의 설명으로 옳은 것은? <제13회 주택관리사 기출문제>

① 내부적으로 창출된 영업권은 자산으로 인식할 수 있다.

② 무형자산은 당해 자산의 법률적 취득시점부터 합리적 기간 동안 상각한다.

③ 무형자산은 정액법 또는 생산량비례법으로만 상각해야 한다.

④ 최초에 비용으로 인식한 무형항목에 대한 지출은 그 이후에 무형자산의 원가로 인식할 수 없다.

해답 ④

① 내부적으로 창출한 영업권은 자산으로 인식하지 아니한다.

② 내용연수가 비한정인 무형자산은 상각하지 아니하지만, 내용연수가 유한한 무형자산의 상각대상금액은 내용연수 동안 체계적인 방법으로 배분하여야 한다. 상각은 자산을 사용할 수 있는 때부터 시작한다. 즉 자산이 경영자가 의도하는 방식으로 운영할 수 있는 장소와 상태에 이르렀을 때부터 시작한다.

③ 무형자산의 자산의 경제적효익이 소비되는 형태를 반영하는 방법으로 상각해야 하는데, 이러한 상각 방법에는 정액법, 체감잔액법, 생산량비례법이 있다. 다만, 미래의 경제적 소비형태를 신뢰성 있게 결정할 수 없는 경우에는 정액법을 사용한다.

28. ㈜대한은 ₩4,000,000의 기계장치를 구입한 대가로 ₩1,000,000의 현금을 지급하고, 나머지 잔액은 90일 만기의 약속어음으로 지급하였다. 이러한 거래가 거래일 현재 자산, 부채 및 자본에 미치는 영향으로 옳은 것은?

① 자산은 ₩3,000,000 증가하고, 부채는 변동이 없으며, 자본은 ₩3,000,000 증가한다.

② 자산은 ₩3,000,000 증가하고, 부채는 ₩3,000,000 증가하며, 자본은 변동이 없다.

③ 자산은 변동이 없고, 부채는 ₩3,000,000 증가하며, 자본은 ₩3,000,000 감소한다.

④ 자산은 ₩4,000,000 증가하고, 부채는 ₩3,000,000 증가하며, 자본은 ₩1,000,000 증가한다.

해답 ② (차) 기계장치 4,000,000 (대) 현 금 1,000,000
미지급금 3,000,000

자산 ₩3,000,000 ↑ 부채 ₩3,000,000 ↑ 자본 : 변동 없음

29. 다음 자료를 이용하여 계산된 추정 기말상품재고액은? <제14회 주택관리사 기출문제>

• 기말상품재고액 ₩550,000	• 당기상품매입액 ₩2,250,000
• 당기상품매출액 ₩3,000,000	• 매출총이익률 30%

① ₩600,000 ② ₩650,000 ③ ₩700,000 ④ ₩750,000

해답 ③

재고자산

기초상품재고액	550,000	매출원가	2,100,000
순매입액	2,250,000	기말상품재고액	700,000

매출원가 : ₩3,000,000 × 70% = ₩2,100,000

30. ㈜한국의 20×1년 상품 A의 거래내역은 다음과 같다. 상품 A에 대하여 계속기록법에 의한 선입선출법을 사용할 경우 20×1년 매출원가는? <제15회 주택관리사 기출문제>

날 짜	내 용	수 량	매입단가
1. 1	기초재고	200개	₩1,000
3. 8	매 입	300	1,200
5. 27	판 매	400	–
6. 26	매 입	700	1,300
9. 21	판 매	300	–

① ₩360,000 ② ₩440,000 ③ ₩650,000 ④ ₩820,000

해답 ④ 1) 기말재고량 : 200+300−400+700−−300=500개
2) 기말재고액 : 500개×@₩1,300=₩650,000

상 품

기초잔액	200,000	매출원가	(820,000)
구 입 액	1,270,000	기말잔액	650,000

31. ㈜한국의 20×1년 매출액은 ₩1,000,000이고 매출원가는 ₩630,000이다. 총매입액은 ₩600,000이며 매입환출 및 에누리는 ₩60,000이다. 기초재고자산이 ₩400,000일 경우 기말재고자산은? <제15회 주택관리사 기출문제>

① ₩240,000 ② ₩275,000 ③ ₩300,000 ④ ₩310,000

해답 ④

상 품

기초잔액	400,000	매출원가	630,000
구 입 액	540,000	기말잔액	310,000

32. 다음 자료를 이용할 경우 재무상태표에 계상할 현금및현금성자산은?

<제16회 주택관리사 기출문제>

• 지폐 ₩30,000	• 우표 ₩10,000	• 우편환증서 ₩1,000
• 임차보증금 ₩50,000	• 타인발행 당좌수표 ₩2,000	

① ₩33,000 ② ₩42,000 ③ ₩83,000 ④ ₩92,000

해답 ① 지폐+우편환증서+타인발행 당좌수표

33. ㈜한국은 공장건물을 신축하기 위하여 토지를 구입하고 토지 위에 있는 낡은 건물을 철거하였다. 토지의 취득원가는? <제16회 주택관리사 기출문제>

• 토지 구입대금	₩500
• 토지 구입에 따른 취득세	30
• 낡은 건물 철거비	50
• 낡은 건물 철거에 따른 고철 매각대금	20
• 토지 정지비	100
• 신축 공장건물 설계비	50

① ₩500 ② ₩530 ③ ₩600 ④ ₩660

해답 ④ ₩500+₩30+(₩50−₩20)+₩100=₩660
신축 공장건물 설계비는 건물의 취득원가에 포함한다.

34. 다음은 ㈜한국의 20×1년 말 자산에 관한 일부자료이다.

• 통화 ₩50,000
• 당좌차월 ₩20,000
• 수입인지 ₩10,000
• 양도성예금증서(취득시 만기 90일) ₩20,000
• 만기 2개월 남은 정기예금(1년 만기) ₩5,000
• 당좌개설보증금 ₩1,000

㈜한국의 20×1년 말 현금및현금성자산은? <제17회 주택관리사 기출문제>

① ₩70,000 ② ₩71,000 ③ ₩75,000 ④ ₩81,000

해답 ① ₩50,000+₩20,000=₩70,000
현금및현금성자산=현금+당좌예금+보통예금+현금성자산(취득일로부터 만기가 3개월 이내에 도래하는 금융상품)

35. 재고자산에 관한 설명으로 옳은 것은? <제18회 주택관리사 기출문제>

① 선입선출법 적용 시 물가가 지속적으로 상승한다면, 계속기록법에 의한 기말재고자산 금액이 실지재고조사법에 의한 기말재고자산 금액보다 작다.

② 부동산매매기업이 통상적인 영업과정에서 판매를 목적으로 보유하는 건물은 재고자산으로 구분한다.

③ 재고자산 매입 시 부담한 매입운임은 운반비로 구분하여 비용처리한다.

④ 컴퓨터 제조 기업이 고객관리목적으로 사용하고 있는 자사가 제조한 컴퓨터는 재고자산이다.

해답 ②

① 선입선출법은 계속기록법과 실지재고조사법의 결과가 항상 같다.
③ 재고자산의 매입원가에 포함한다.
④ 고객관리 목적으로 사용하고 있는 컴퓨터는 유형자산으로 분류한다.

36. 다음은 ㈜대한의 재고자산 자료이다. 이동평균법을 적용할 경우 기말재고액은?

<제18회 주택관리사 기출문제>

	수 량	단위당 원가	단위당 매가
기초재고	200단위	₩30	
매출(3월 1일)	100		₩40
매입(6월 1일)	100	36	
매출(9월 1일)	120		40
기말재고	80	?	

① ₩2,400 ② ₩2,560 ③ ₩2,640 ④ ₩2,880

해답 ③

날 짜	재고수량	단 가	재 고 액
3월 1일	100단위	@₩30	₩3,000
6월 1일	200	33	6,000
9월 1일	80	33	2,640

37. ㈜한국은 본사 사옥을 신축하기 위해 창고가 세워져있는 토지를 ₩2,500,000에 구입하여, 즉시 창고를 철거하고 본사 사옥을 건설하였다. 토지 구입부터 본사 사옥 완성까지 다음과 같은 거래가 있었다. 토지와 건물(본사 사옥)의 취득원가는 각각 얼마인가?

<제19회 주택관리사 기출문제>

• 토지 등기수수료	₩30,000
• 토지 취득세	50,000
• 창고 철거비	4,000
• 창고 철거시 발생한 폐자재 처분 수입	1,000
• 본사 사옥 설계비	23,000
• 본사 사옥 공사대금	1,700,000

	토 지	건 물		토 지	건 물
①	₩2,580,000	₩1,700,000	②	₩2,583,000	₩1,723,000
③	₩2,583,000	₩1,780,000	④	₩2,584,000	₩1,723,000

해답 ② 토지원가 : ₩2,500,000＋₩30,000＋₩50,000＋₩4,000－₩1,000＝₩2,583,000
건물원가 : ₩23,000＋₩1,700,000＝₩1,723,000

38. 다음 자료를 이용할 경우 재무상태표에 표시될 현금및현금성자산은?

<제20회 주택관리사 기출문제>

• 당좌예금	₩1,000	• 당좌개설보증금	₩350
• 배당금통지표	455	• 수입인지	25
• 임차보증금	405	• 우편환증서	315
• 차용증서	950	• 타인발행수표	200

① ₩1,655 ② ₩1,970 ③ ₩2,375 ④ ₩2,400

해답 ② 당좌예금＋배당금지급통지표＋우편환증서＋타인발행수표＝₩1,970

39. 다음 자료를 이용하여 계산된 추정 기말상품재고액은? <제14회 주택관리사 기출문제>

(1) 기초상품재고액은 ₩120,000이고, 기말상품재고액은 ₩150,000이다.
(2) 당기의 상품 총매입액은 ₩1,300,000이고 당기의 상품 총매출액은 ₩1,700,000이다.
(3) 당기의 매출에누리와 환입은 ₩180,000이고, 매입에누리와 환출은 ₩100,000이다.
(4) 당기 판매운임은 ₩30,000이고 매입운임은 ₩40,000이다.

① ₩600,000 ② ₩650,000 ③ ₩700,000 ④ ₩750,000

해답 ③

재고자산

기초상품재고액	120,000	매출원가	1,210,000
순매입액	1,240,000	기말상품재고액	150,000

순매입액 : ₩1,300,000+₩40,000−₩100,000=₩1,240,000
매출액 ₩1,520,000−매출원가 ₩1,210,000=매출총이익 ₩310,000

40. ㈜한국의 20×1년 상품 A의 거래내역은 다음과 같다. 상품 A에 대하여 계속기록법에 의한 선입선출법을 사용할 경우 20×1년 매출원가는? <제15회 주택관리사 기출문제>

날　짜	내　용	수　량	매입단가
1. 1	기초재고	200개	₩1,000
3. 8	매　입	300	1,200
5. 27	판　매	400	−
6. 26	매　입	700	1,300
9. 21	판　매	300	−

① ₩360,000　② ₩440,000　③ ₩650,000　④ ₩820,000

해답 ④ 1) 기말재고량 : 200+300−400+700−300=500개
2) 기말재고액 : 500개×@₩1,300=₩650,000

상　품

기초잔액	200,000	매출원가	(820,000)
구입액	1,270,000	기말잔액	650,000

41. ㈜한국의 20×1년 매출액은 ₩1,000,000이고 매출원가는 ₩630,000이다. 총매입액은 ₩600,000이며 매입환출 및 에누리는 ₩60,000이다. 기초재고자산이 ₩400,000일 경우 기말재고자산은? <제15회 주택관리사 기출문제>

① ₩240,000　② ₩275,000　③ ₩300,000　④ ₩310,000

해답 ④

상　품

기초잔액	400,000	매출원가	630,000
구입액	540,000	기말잔액	310,000

42. 다음 중 현금계정으로 처리되지 않는 것은?

① 자기발행수표　② 송금수표
③ 배당금영수증　④ 일람불어음

해답 ① 자기발행수표를 발행한 경우는 당좌예금의 인출로써 대변에 처리한다.

43. 다음 분개에 대한 거래의 설명으로 올바른 것은?

- 차변과목 : 외상매입금 2,000,000
- 대변과목 : 당좌예금 1,500,000 단기차입금 : 500,000

① 상품 ₩2,000,000을 매입하고, 그 대금은 수표를 발행하여 지급하다.

② 외상매입금 ₩2,000,000을 수표발행하여 지급하다. 단, 당좌예금 잔액은 ₩1,500,000

③ 현금 ₩2,000,000을 차입하고, 그중 ₩1,500,000은 거래은행에 당좌예입하다.

④ 외상매출금 ₩2,000,000을 현금으로 받아 곧 거래은행에 당좌예입하다. 단, 당좌차월금액 ₩500,000이 있다.

해답 ② 수표발행은 당좌예금 잔액의 한도 내에서만 가능하지만 거래은행에 건물, 토지 등을 담보로 제공하고, 당좌차월계약을 맺으면 예금 잔액을 초과하여 수표를 발행할 수 있는데, 이때 그 초과금액을 당좌차월이라 하며 분개 시에는 단기차입금계정으로 처리한다.

44. 다음 중 산출된 식에서 틀린 것은?

① 매입액 + 매입제비용 = 총매입액

② 총매입액 − 환출및매입에누리 = 순매입액

③ 기초상품재고액 + 순매입액 − 기말상품재고액 = 매출원가

④ 총매입액 − 순매입액 = 환출및매출에누리

해답 ④

45. 2018년 말에 수정전 외상매출금 잔액은 ₩5,000, 대손충당금 잔액은 ₩300이었다. 이 회사에 의거 경험상 기말 외상매출금 잔액의 10%가 대손 가능성이 있는 것으로 추산되었다. 2018년 대손상각비는?

① ₩500 ② ₩800 ③ ₩200 ④ ₩300

해답 ③ (500 × 10%) − 300 = 200

46. 동해상사는 서해상사에게 현금 ₩500,000을 6개월간 대여하고 차용증서를 받았다. 적당한 분개는?

① 차) 단기대여금 500,000 대) 현 금 500,000

② 차) 현 금 500,000 대) 단기대여금 500,000

③ 차) 단기차입금 500,000 대) 현 금 500,000

④ 차) 현 금 500,000 대) 단기차입금 500,000

해답 ① 단기대여금은 차용증서를 받고 신용에 의한 단기간의 금전 대여에서 발생하는 자산 계정이다.
예를 들어, 차용증서를 받고 현금을 대여한 경우에는
(차) 단기대여금 ××× (대) 현 금 ×××

47. 상품 이외의 물건을 팔고 아직 대금을 회수하지 못했을 때 처리하는 계정은?
① 매출채권 ② 미수금 ③ 선수금 ④ 선급금

해답 ②

48. 사무용 복사기를 매입하고 아직 대금을 지급하지 않았을 경우의 계정과목은?
① 매입채무 ② 가지급금 ③ 미지급금 ④ 예수금

해답 ③

49. 업무용 책상 및 의자를 ₩300,000에 구입하고 대금은 월말에 지급하기로 한 경우에 대변에 기록될 계정과목은?
① 미수금 ② 현 금 ③ 미지급금 ④ 외상매입금

해답 ③ 비품 구입 대금을 월말에 지급하기로 하면
차) 비품 ××× 대) 미지급금 ×××

50. 상품매매계약을 맺고 상품을 인수하기 전에 상품 대금의 일부 계약금을 지급했을 경우 사용하는 자산계정은?
① 상 품 ② 계약금 ③ 선수금 ④ 선급금

해답 ④

51. 현금지급은 있고 금액이 미정인 것은?
① 가수금 ② 가지급금 ③ 미수금 ④ 미지급금

해답 ②

52. 내용불명의 수입액이 발생했을 경우 처리하는 부채계정은?
① 가수금 ② 미지급금 ③ 선수금 ④ 선급금

해답 ①

53. 계정과목이나 금액이 미확정인 상태로 지급하였을 경우 처리하는 자산계정은?

① 미수금 ② 미지급금 ③ 선급금 ④ 가지급금

해답 ④

54. 다음은 상대적인 채권 · 채무계정의 나열이다. 옳지 않은 것은?

① 미수금 – 미지급금 ② 대여금 – 차입금

③ 선대금 – 선수금 ④ 가지급금 – 가수금

해답 ③ 선대금은 종업권에 대한 채권이기 때문에 상대계정은 예수금이며, 선수금의 상대계정은 선급금이다.

55. 사용중이던 비품을 ₩500,000에 매각처분하고 대금은 월말에 받기로 하였을 경우의 분개에서 차변에 기록될 계정과목은?

① 비품 ② 미수금 ③ 현금 ④ 미지급금

해답 ② 상품이 아닌 건물, 토지, 비품 등의 매각처분 대금을 월말에 받기로 하면,
차) 미수금 ××× 대) 비품 ×××

3 부 채

가. 유동부채

1년 이내에 상환기한이 도래하는 부채를 말한다. 즉, 1년 이내에 갚아야 하는 부채를 말한다.

- 외상매입금: 기업이 일반적인 영업거래(상거래)에서 상품을 외상으로 매입한 대금을 말한다. 상품을 외상매입하였을 때 매입처 수가 많을 경우, 매입처 원장이라는 보조원장에 거래처 이름을 붙여 기록하기도 한다.
- 지급어음: 상품을 외상으로 매입하고 상대방에게 발행한 어음대금을 말한다.
  매입채무 = 외상매입금 + 지급어음
- 단기차입금: 타인에게 차용증서를 써 주거나, 은행으로부터 단기(결산일로부터 1년 이내)로 자금을 차입하는 금액을 말한다.
- 미지급금: 기업의 주요 영업활용인 상품매매이외의 거래에서 발생하는 채무를 말한다.
- 미지급비용: 당기에 지급해야 할 비용을 결산일까지 지급하지 못한 미지급이자, 미지급임차료 등을 말한다.
- 선수금: 상품매매가 이루어지기 전에 계약금 형식으로 대금일부를 받은 금액을 말한다.
- 선수수익: 당기의 수익 중에서 결산일 기준으로 미리 받아 차기로 이월해야 하는 금액을 말한다.
- 예수금: 기업이 거래처나 직원들이 제3자에게 지급해야 할 금액을 대신해서 미리 받아 보관하는 금액을 말한다.
- 가수금: 현금이 입금되었으나 계정과목이나 금액이 불확실할 때, 임시적으로 처리하는 가계정을 말한다. 금액의 내용이 확정되면 확정된 계정과목으로 대체된다.
- 유동성장기부채: 비유동부채(예를 들어, 장기차입금) 중에 결산일 기준으로 1년 이내에 만기가 돌아오는 부채를 말한다.

<분개의 예>

– 상품 ₩1,000,000을 외상으로 현금매입하다.

(차) 상 품	1,000,000	(대) 외상매입금	1,000,000

– 외상매입금 중 ₩400,000을 현금으로 지급하다.

(차) 외상매입금	400,000	(대) 현 금	400,000

– 위의 상품 중에서 불량품이 있어서 ₩100,000을 반품하다.

(차) 외상매입금 100,000 (대) 상　품 100,000

– 상품 ₩5,000,000을 매입하고 약속어음을 발행하여 지급하다.

(차) 상　품 5,000,000 (대) 지급어음 5,000,000

– 약속어음 만기일에 어음 소지인에게 대금 ₩5,000,000을 현금으로 지급하다.

(차) 지급어음 5,000,000 (대) 현　금 5,000,000

– 은행으로부터 현금 ₩1,000,000을 차입하였다.(만기 6개월)

(차) 현　금 1,000,000 (대) 단기차입금 1,000,000

– 차입금 ₩1,000,000의 만기가 도래하여 이자 ₩10,000을 포함하여 현금 지급하다.

(차) 단기차입금 1,000,000 (대) 현　금 1,010,000
　　이자비용 10,000

– 비품 ₩500,000을 외상으로 구입하다.

(차) 비　품 500,000 (대) 미지급금 500,000

– 비품 ₩500,000을 구입하고 약속어음을 발행하여 지급하다.

(차) 비　품 500,000 (대) 미지급금 500,000

– 비품 ₩500,000을 구입하고 대금은 신용카드 결제하다.

(차) 비　품 500,000 (대) 미지급금 500,000

– 거래처에서 상품 ₩300,000 주문을 받고 계약금 ₩30,000을 현금으로 받다.

(차) 현　금 30,000 (대) 선수금 30,000

– 주문받았던 상품 ₩300,000을 인도하고 계약금 ₩30,000을 제외한 잔액은 현금으로 받다.

(차) 선수금 30,000 (대) 상품매출 300,000
　　현　금 270,000

– 직원 급여 ₩4,000,000원 중에서 소득세 ₩400,000을 원천징수하고 잔액은 현금 지급하였다.

(차) 급 여	4,000,000	(대) 예수금	400,000
		현 금	3,600,000

– 급여 지급시 원천징수한 ₩400,000을 세무서에 현금으로 납부하다.

(차) 예수금	400,000	(대) 현 금	400,000

– 회사통장에 내용을 알 수 없는 ₩100,000이 계좌이체되었다.

(차) 현 금	100,000	(대) 가수금	100,000

– 원인불명으로 이체된 현금 ₩100,000이 상품매출 대금으로 밝혀졌다.

(차) 가수금	100,000	(대) 상품매출	100,000

– 결산일 기준 장기차입금 ₩2,000,000의 상환기일이 3개월 이내로 도래하였다.

(차) 장기차입금	2,000,000	(대) 유동성장기부채	2,000,000

나. 비유동부채

부채를 분류할 때에는 유동부채와 비유동부채로 나뉜다. 지금까지 유동부채를 학습하였다. 부채의 분류를 복습으로 정리하고 비유동부채를 학습한다.

부 채
- 유동부채: 외상매입금, 지급어음, 매입채무, 단기차입금, 미지급금, 미지급비용, 선수금, 선수수익, 예수금, 가수금, 유동성장기부채…
- 비유동부채: 임대보증금, 장기차입금, 사채…

비유동부채란 재무상태표 작성일(결산일)로부터 상환기한이 1년 이후인 부채를 말한다.

<분개의 예>

– 회사건물을 임대하고 보증금 ₩1,000,000을 현금으로 받았다.

(차) 현 금 1,000,000 (대) 임대보증금 1,000,000

– 은행으로부터 상환기간 3년의 차입금 ₩100,000,000을 현금으로 차입하다.

(차) 현 금 100,000,000 (대) 장기차입금 100,000,000

4 자 본

자본=자산–부채를 말한다. 법인 기업의 자본은 최초출자액인 자본금 외에 자본잉여금, 이익잉여금으로 구분한다. 법인 기업의 자본금 분류에 대하여는 기초 회계원리 실무이해에서는 다루지 않는다. 개인 기업은 자본금계정만 존재한다.

가. 자본금

개인 기업에서는 출자금(자본금) 인출이나 추가적인 출자금 불입이 많이 일어난다. 그리하여 결산일 이전에 발생하는 출자금의 증가 및 감소 금액은 자본금으로 바로 반영하지 아니하고 임시적 계정인 인출금으로 처리한다. 그리고 기말에 결산을 할 때, 인출금의 마지막 잔액을 자본금으로 대체한다. 따라서 기말의 재무상태표에는 인출금 계정과목은 나타나지 않는다.

<분개의 예>

– 현금 ₩10,000,000을 출자하여 기업을 설립하다.

(차) 현 금 10,000,000 (대) 자본금 10,000,000

– 대표가 현금 ₩20,000,000을 추가로 출자하였다.

(차) 현 금 20,000,000 (대) 인출금 20,000,000

– 기업주가 개인적인 용도로 현금 ₩5,000,000을 인출하였다.

(차) 인출금 5,000,000 (대) 현 금 5,000,000

– 기말 결산 시에 인출금 계정 잔액을 자본금 계정으로 대체하였다.

(차) 인출금	15,000,000	(대) 자본금	15,000,000

*계산식: 20,000,000 − 5,000,000 = 15,000,000
(추가출자로 인출금 ₩20,000,000이 증가하고, 대표가 ₩5,000,000을 찾아 갔으므로 총 ₩15,000,000이 증가하였다. 이 금액은 자본금으로 대체한다.)

나. 당기순손익의 자본금 반영

결산이 되면 회사의 모든 수익과 비용을 계산하여 수익이 비용보다 크면 당기순이익, 수익이 비용보다 적으면 당기순손실이 된다. 수익의 총금액, 비용의 총금액은 손익이라는 임시계정으로 처리한다. 이 금액은 배당이 되지 않으면 자본금으로 대체된다.

<분개의 예>

– 기말 결산 시에 모든 수익 합계가 ₩100,000이고, 모든 비용의 합계가 ₩70,000일 경우에 순손익을 자본으로 대체하시오.

(차) 모든 수익계정들	100,000	(대) 손 익	100,000
(차) 손 익	70,000	(대) 모든 비용계정들	70,000
(차) 손 익	30,000	(대) 자본금	30,000

연습문제

01. 다음 내용을 분개하시오.

1) 원주상사에서 상품 ₩1,000,000을 외상으로 매입하다.
2) 원주상사의 외상매입금 ₩1,000,000을 수표발행하여 지급하다.
3) 강원식품에서 상품 ₩700,000을 매입하고, 대금 중 ₩300,000은 현금지급하고 잔액은 외상으로 하다.
4) ㈜삼팔은 ㈜성실에서 상품 ₩500,000을 매입하고 대금은 약속어음 발행하다.
5) ㈜성실이 지급한 약속어음 ₩500,000이 만기가 되어 계좌이체하다.
6) 원주상사는 거래은행에 현금 ₩500,000을 당좌예입하다. 당좌차월 한도: 5,000,000
7) 원주상사는 춘천상사에서 상품 ₩1,500,000을 매입하고, 대금은 수표발행하다.
8) 대동상사는 동해상사로부터 상품 ₩6,000,000을 주문받고 계약금 ₩600,000을 현금으로 받다.
9) 대동상사는 동해상사로부터 위 상품 ₩6,000,000을 넘겨주고 계약금을 제외한 대금은 현금으로 받았다.
10) 태풍건설은 공장 설비 자금으로 거래은행으로부터 현금 ₩50,000,000을 상환기간 2년 거치 5년 조건으로 차입하였다.
11) 진흥건설은 장기차입금 중 ₩20,000,000이 상환기일이 1년 이내로 도래하여 계정을 대체하였다.
12) 기업주가 현금 ₩800,000을 개인적으로 인출하다.
13) 위의 기업주가 가사용으로 상품 ₩3,000,000을 사용하다.
14) 위의 기업주가 인출한 자금 중 ₩4,000,000을 현금으로 반환하다.
15) 위의 기업주에 관한 잔액을 결산일에 자본금 계정에 대체하다.

해답

	차변	금액	대변	금액
1)	(차) 상 품	1,000,000	(대) 외상매입금	1,000,000
2)	(차) 외상매입금	1,000,000	(대) 당좌예금	1,000,000
3)	(차) 상 품	700,000	(대) 현 금	300,000
			외상매입금	400,000
4)	(차) 상 품	500,000	(대) 지급어음	500,000
5)	(차) 지급어음	500,000	(대) 현 금	500,000
6)	(차) 당좌예금	500,000	(대) 현 금	500,000
7)	(차) 상 품	1,500,000	(대) 당좌예금	500,000
			단기차입금	1,000,000
8)	(차) 현 금	600,000	(대) 선수금	600,000

9)	(차) 선수금	600,000	(대) 상 품	6,000,000
	현 금	5,400,000		
10)	(차) 현 금	50,000,000	(대) 장기차입금	50,000,000
11)	(차) 장기차입금	20,000,000	(대) 유동성장기부채	20,000,000
12)	(차) 인출금	800,000	(대) 현 금	800,000
13)	(차) 인출금	3,000,000	(대) 상 품	3,000,000
14)	(차) 현 금	4,000,000	(대) 인출금	4,000,000
15)	(차) 인출금	200,000	대) 자본금	200,000

02. 다음 중 인출금 계정에 대한 설명으로 옳은 것은? <제81회 전산회계 기출>

① 임시계정으로 개인기업의 자본금 계정에 대한 평가계정이다.

② 임시계정으로 외상매출금에 대한 평가계정이다.

③ 법인기업에서 사용하는 결산정리 분개이다.

④ 결산시 재무상태표에 필수적으로 기재할 계정이다.

해답 ① 인출금은 개인기업에서 사용하며 자본금에 대한 평가계정으로 기말결산 시 자본금계정에 대체하는 임시계정이다.

03. 다음 중 비유동부채에 해당하는 것은? <제81회 전산회계 기출>

① 장기차입금 ② 외상매입금

③ 미지급비용 ④ 선수금

해답 ① 비유동부채는 재무상태표일로부터 1년 이후에 걸쳐 만기가 도래하는 부채로 장기차입금은 비유동부채에 해당한다.

04. 다음 보기를 참고하여 2018년 12월 31일 기말에 부채로 계상될 금액은 얼마인가?(월할 계산 적용함) <제81회 전산회계 기출>

- 상지상사는 2018년 8월 1일에 1년분 임대료 4,200,000원을 선수하고 전액 수익으로 처리하였다.
- 상지상사의 당기 39기 회계기간은 1월 1일~12월 31일이다.

① 1,750,000원 ② 2,100,000원 ③ 2,450,000원 ④ 4,200,000원

해답 ③ 당기수익 5개월분을 제외한 7개월분((4,200,000/12)×7개월)을 적용하여 선수수익 2,450,000원 부채를 계산한다.

05. 다음 중 유동부채에 해당하는 계정과목만으로 짝지어진 것은?

① 외상매출금, 외상매입금 ② 미지급금, 미수금

③ 선수금, 가수금 ④ 가수금, 가지급금

해답 ③

06. "거래처에서 상품 ₩500,000을 매입하고, 대금은 1개월 후 지급의 약속어음을 발행하여 지급하다."의 거래를 분개할 때 대변에 기입할 계정과목으로 옳은 것은?

① 지급어음 ② 외상매입금 ③ 미지급금 ④ 가수금

해답 ①

07. "승리상점에서 상품 ₩500,000을 매입하고, 동점앞 약속어음을 발행하여 지급하다"의 거래를 바르게 분개한 것은?

① (차) 상　품 500,000 (대) 지급어음 500,000

② (차) 상　품 500,000 (대) 미지급금 500,000

③ (차) 상　품 500,000 (대) 외상매출금 500,000

④ (차) 상　품 500,000 (대) 외상매입금 500,000

해답 ①

08. "사무용 컴퓨터 1대를 구입하고, 그 대금 ₩600,000은 월말에 지급하기로 하다."의 거래를 바르게 분개한 것은?

① (차) 비　품 600,000 (대) 외상매입금 600,000

② (차) 비　품 600,000 (대) 미지급금 600,000

③ (차) 비　품 600,000 (대) 외상매입금 600,000

④ (차) 비　품 600,000 (대) 지급어음 600,000

해답 ②

09. 거래 은행에서 현금 ₩2,000,000을 차입하고, 2년 후에 갚기로 한 경우 대변에 기입할 계정과목으로 옳은 것은?

① 장기차입금 ② 장기대여금 ③ 단기차입금 ④ 장기금융상품

해답 ①

10. 다음 자료에 의하여 기말 자본금을 계산하면 얼마인가?

• 기초자본금 ₩600,000	• 추가출자액 ₩50,000
• 인출액 ₩30,000	• 당기순이익 ₩130,000

① ₩720,000 ② ₩730,000 ③ ₩740,000 ④ ₩750,000

해답 ④

11. 다음 자료에 의하여 당기 중에 사업주가 인출한 금액을 계산하면 얼마인가?

• 기초자본금 ₩2,000,000	• 추가출자액 ₩200,000	• 총수익 ₩800,000
• 총비용 ₩500,000	• 기말자본금 ₩2,200,000	

① ₩200,000 ② ₩300,000 ③ ₩400,000 ④ ₩500,000

해답 ②

12. 다음은 ○○회사의 제 3 기(2006. 1. 1 ~ 2006. 12. 31) 회계 자료이다. 기초 자산의 금액으로 옳은 것은? (2008. 9월 모의평가)

• 당기 총수익 ₩250,000	• 당기 총비용 ₩150,000
• 기말 자본 ₩250,000	• 기초 자본은 기초 자산의 50%
• 회계 기간 중 추가 출자와 인출액은 없음.	

① ₩250,000 ② ₩300,000 ③ ₩350,000 ④ ₩500,000

해답 ②

13. 자산이나 부채의 유동, 비유동성 구분에 대한 설명으로 옳지 않은 것은?

<9급 세무직 공무원>

① 사용의 제한이 없는 현금 및 현금성 자산은 유동자산으로 분류한다.

② 단기매매목적으로 보유하는 자산은 유동자산으로 분류한다.

③ 기존의 차입약정에 따라 재무상태표일로부터 1년을 초과하여 상환할 수 있고 기업이 그러한 의도가 있는 부채라 하더라도. 재무상태일로부터 1년 이내에 상환일이 도래할 경우는 유동부채로 분류한다.

④ 기업의 정상적인 영업주기 내에 실현될 것으로 예상되거나 판매목적 또는 소비목적으로 보유하고 있는 자산은 유동자산으로 분류한다.

해답 ③ 재무상태표일로부터 1년 이내에 상환기일이 도래하더라도, 기존의 차입약정에 따른 재무상태표일로부터 1년을 초과하여 상환할 수도 있고 기업이 그러한 의도가 있는 경우에는 비유동부채로 분류한다.

14. 유동부채에 관한 설명으로 옳지 않은 것은? <제16회 주택관리사 기출문제>

① 일반적으로 정상영업주기 내 또는 보고기간 후 12개월 이내에 결제하기로 되어 있는 부채이다.

② 미지급비용, 선수금, 수선충당부채, 퇴직급여부채 등은 유동부채에 포함된다.

③ 매입채무는 일반적 상거래에서 발생하는 부채로 유동부채에 속한다.

④ 유동부채는 보고기간 후 12개월 이상 부채의 결제를 연기할 수 있는 무조건의 권리를 가지고 있지 않다.

해답 ② 보고기간 후 12개월 이내에 사용될 퇴직급여부채는 유동부채로 분류하고, 그렇지 않으면 비유동부채로 분류한다. 한편 수선충당부채는 그 의무를 이행하지 않아도 되는 다른 대안이 있을 수 있기 때문에 부채가 아니다.

15. 금융부채로 분류되지 않는 것은? <제16회 주택관리사 기출문제>

① 차입금 ② 매입채무 ③ 선수금

④ 사채 ⑤ 지급어음

해답 ③ 선수금은 현금 등 금융자산을 지급해야 할 계약상 의무가 아니라 재화의 인도하거나 용역을 제공해야 할 의무이기 때문에 금융부채가 아니다.

16. ㈜한국은 20×1년 7월 1일에 은행으로부터 ₩5,000의 자금을 조달하면서 3개월 만기의 어음(액면이자율 연 12% 이자는 만기에 지급)을 발행하였다. 7월 1일 분개로 옳은 것은?

<제16회 주택관리사 기출문제>

	차 변		대 변	
①	현 금	5,000	단기차입금	5,000
②	현 금	5,000	지급어음	5,000
③	현 금	4,850	단기차입금	4,850
④	현 금	4,850	지급어음	5,000
	이자비용	150		

해답 ① 1) 이자는 만기에 지급하기로 하였으므로, 이자비용은 인식하지 않는다.

2) 만기일 이전에 결산을 맞이한 경우(이자를 지급하지 않았어도)에는 경과액(발생액)만큼

이자비용과 미지급이자를 인식해야 한다.

17. 다음 중 금융부채에 속하는 것을 모두 고른 것은? <제19회 주택관리사 기출문제>

ㄱ. 매입채무	ㄴ. 선수금	ㄷ. 사채
ㄹ. 소득세예수금	ㅁ. 미지급법인세	

① ㄱ, ㄴ ② ㄱ, ㄷ ③ ㄱ, ㄹ, ㅁ ④ ㄴ, ㄷ, ㄹ

해답 ② 선수금은 재화나 용역을 인도해야 할 의무이고, 소득세예수금과 미지급법인세는 법적 강제력에 의한 부채이다. 따라서 금융부채에 해당하지 아니한다.

18. 당기 포괄손익계산서상 대손상각비가 ₩70일 때, 기중 실제 대손으로 확정된 금액은? (단, 대손확정은 손상발생의 객관적인 증거가 파악되었으며, 기중 현금으로 회수된 회수불능 매출채권은 없음) <제20회 주택관리사 기출문제>

구 분	기 초	기 말
매출채권	₩15,000	₩10,000
대손충당금	150	100

① ₩120 ② ₩150 ③ ₩220 ④ ₩250

해답 ①

대손충당금

(대손발생액	120)	기초잔액	150
기말잔액	100	대손상각비	70

19. 미래에 현금을 수취할 계약상 권리에 해당하는 금융자산과 이에 대응하여 미래에 현금을 지급할 계약상 의무에 해당하는 금융부채로 옳지 않은 것은? <제20회 주택관리사 기출문제>

① 매출채권과 매입채무 ② 받을어음과 지급어음
③ 대여금과 차입금 ④ 선급금과 선수금

해답 ④ 현금 등 금융자산을 수취(또는 지급)할 권리(또는 의무)가 아니라 재화나 용역의 수취(또는 지급)할 수 있는 자산(또는 부채)은 금융상품이 아니다.

제 9 장

수익과 비용

1. 매출액
2. 매출원가
3. 매출총이익
4. 판매비와관리비
5. 영업외수익
6. 영업외비용

수익이란 기업의 경영활동으로 얻어지는 경제적 가치를 말한다. 손익계산서에는 기업이 상품을 판매하고 그 대가로 받는 매출액, 은행 예금에 대한 이자수익, 주식을 소유함으로써 받는 배당금 수익, 유가증권이나 건물, 토지 등을 처분하여 발생하는 매매차익 등의 영업외수익이 있다.

비용은 수익을 얻기 위하여 소비된 경제적 가치를 말한다. 손익계산서에는 매출원가, 판매비와관리비, 영업외비용 등의 항목으로 표시된다.

1 매출액

매출액이란, 상품이나 제품의 판매와 같은 기업의 주요 영업활동에서 발생한 수익을 말한다. 매출액은 순매출액을 산정하여 손익계산서에 기록한다.

당기순매출액＝총매출액－매출환입및에누리－매출할인

<분개의 예>

– 상품 ₩1,000,000을 판매하고 대금은 다음 달에 받기로 하다.

(차) 외상매출금	1,000,000	(대) 상품매출	1,000,000

– 판매한 상품에 불량이 발생하여 ₩50,000을 에누리하다.

(차) 매출환입및에누리	5,0000	(대) 외상매출금	50,000

– 외상판매한 상품대금을 조기에 환수하여 10%를 할인해 주고, 대금은 현금으로 받다.

(차) 매출할인	95,000	(대) 외상매출금	950,000
현 금	855,000		

* 손익계산서 매출액란에 기록될 금액

당기순매출액＝총매출액－매출환입및에누리－매출할인

＝1,000,000－50,000－95,000

＝855,000

2 매출원가

매출원가는 판매된 상품이나 제품의 원가를 말한다.

(상품)매출원가= 기초상품재고액+당기상품순매입액 −기말상품재고액
상품판매가능액

<매출원가 사례>

(상품)매출원가는 위의 산식에 의하여 구한다. 예를 들어, 찐빵 및 만두를 파는 곳에서 어제 팔고 남은 상품이 10개라면, 오늘로 넘어오면 그 10개가 기초상품재고액이 된다. 그리고 오늘 상품을 80개 사왔고, 그중에서 20개가 불량이라면, 순수한 매입액은 80개−20개=60개가 순매입액이 되는 것이다. 결국 판매할 수 있는 수량은 기초재고액 10+순매입액 60개=70개가 된다. 오늘 팔 수량은 70개가 되는 것이다. 하루가 끝날 무렵, 5개가 못팔고 남았다면, 그 상품이 기말재고액이 된다. 최종적으로 65개를 판 것이다. 이 65개가 최종 매출원가의 수량이다. 이 수량에 단가를 곱하면 금액이 된다. 단가가 @100원이라면 다음과 같이 계산할 수 있다.

(상품)매출원가	=	기초상품재고액	+	당기상품순매입액	-	기말상품재고액
65개×@100원		10개		(80개−20개)		5개

상품매출원가는 회사가 돈을 들였기 때문에 비용이다. 기말 결산 시에 비용이기 때문에 차변에 기록하고, 그 상품을 팔았기 때문에 대변에 상품 계정을 기록한다.

(차) 상품매출원가 ××× (대) 상 품 ×××

[예 제]

다음 자료에 의하여 상품매출원가를 계산하고 대체분개를 하시오.

<자료>

- 기초상품재고액 500원
- 당기매입액 1,000원
- 매입환출액 100원
- 기말재고액 70원

해답 ④ 상품매출원가 1,330원=500원+1,000원−100원−70원
(차) 상품매출원가 1,330 (대) 상품 1,330

3 매출총이익

매출총이익은 순매출액에서 매출원가를 차감한 금액이다.

매출총이익=순매출액−매출원가

[예 제]

다음 자료에 의하여 매출총이익을 계산하시오.

<자료>

- 당기총매출액 18,000,000원
- 당기상품매입액 7,000,000원
- 기말재고액 2,000,0C0원
- 기초상품재고액 10,000,000원

해답 ④ 매출총이익=18,000,000원−(10,000,000원+7,000,000원−2,000,000원)
= 3,000,000원

4 판매비와관리비

판매비와관리비는 상품을 팔기 위하여 발생하는 광고비, 사무실관리비 등의 비용으로서 매출원가에는 포함하지 않는 것을 말한다.

- 급여: 종업원에게 지급하는 월급, 수당 등을 말한다.
- 상여금: 종업원에기 지급하는 보너스를 말한다.
- 여비교통비: 출장비와 그 밖의 교통비를 지급했을 때의 계정을 말한다.
- 통신비: 영업활동에 소요되는 전화, 인터넷 사용료, 우표 요금 등을 말한다.
- 복리후생비: 종업원의 복리후생을 위한 경조사비, 음료, 식사, 체육대회, 작업복 등을 말한다.

- 잡급: 일용 근로자에게 지급하는 일당을 말한다.
- 수도광열비: 수도, 가스, 전기, 난방용 유류대 등을 말한다.
- 세금과공과: 영업용 건물 및 토지에 대한 재산세, 자동차세, 상공회의소 회비, 적십자 회비, 협회비, 조합회비 등을 말한다.
- 접대비: 거래처와의 영업을 원활하게 유지하기 위하여 소요되는 거래처 경조사비, 거래처 식사대, 거래처 선물대금 등을 말한다.
- 임차료: 영업용 건물, 토지 등을 임차함으로서 발생하는 집세, 지대 등을 말한다.
- 감가상각비: 영업용 건물, 비품, 기계장치, 차량운반구 등의 당해 년도 가치의 감소분을 비용으로 처리한다.
- 수선비: 영업용 건물, 비품, 기계장치, 차량운반구 등을 수선할 때 사용하는 비용을 말한다.
- 보험료: 자동차보험, 산재보험, 화재보험 등에 가입하고 보험료를 지급하였을 때 처리하는 비용계정을 말한다.
- 광고선전비: 상품 판매촉진을 위하여 방송, 신문, 인터넷, 광고물 제작, 광고용역, 리플릿 등에 지출되는 비용을 말한다.
- 운반비: 상품을 매출할 때, 상품 발송 운임, 택배비, 포장 등의 운송에 관한 비용을 지급한 때에 처리하는 계정을 말한다.
- 소모품비; 사무용 복사지, 장부, 문구 등의 사무용 소모품을 구입하였을 때 처리하는 비용 계정을 말한다.
- 차량유지비: 업무용 차량의 유지와 수선을 위한 수리비, 검사비, 주차료, 유류대 등을 처리하기 위한 비용계정을 말한다.
- 교육훈련비: 종업원들의 직무관련 교육 및 훈련을 위하여 지출되는 학원등록비, 위탁교육비, 해외연수, 연수원 임차료, 강사비 등을 말한다.
- 도서인쇄비: 도서대금, 신문과 잡비 구독, 명함인쇄, 제본 등에 지출되는 비용계정을 말한다.
- 수수료비용: 서비스를 제공받고 지출하는 은행 계좌이체 수수료, 어음추심 수수료, 신용카드 결제 수수료, 세무회계 대행 기장, 수출검사 수수료 등을 말한다.
- 대손상각비: 외상매출금, 받을어음 등의 매출채권이 회수 불능되었을 때 처리하는 비용을 말한다.
- 무형자산상각비: 산업재산권, 개발비, 소프트웨어 등의 무현자산에 대한 당해 연도 가치감소분을 말한다.
- 잡비: 판매비와관리비 중에서 금액이 적어 개별적인 비용항목으로 포함시키지 않아도 되는 비용을 말한다.

* 주의사항

– 자산을 팔 때의 비용처리: 상품을 팔 때 발생하는 택배비, 포장비, 수수료, 제세금 등의 부대비용은 운반비, 수수료비용, 세금과공과 등의 계정과목을 사용한다. 상품이 아닌 자산을 처분할 때 발생하는 택배비, 포장비, 수수료, 제세금 등의

부대비용은 해당 자산의 처분가액에서 직접차감하고 그 차액은 유형자산처분이익, 유형자산처분손실, 단기매매증권처분이익, 단기매매증권처분손실 등으로 처리한다.

- 자산을 취득할 때의 비용처리: 모든 자산을 취득할 때 발생하는 택배비, 포장비, 수수료, 제세금 등의 부대비용은 자산의 취득원가에 포함한다. 단, 단기매매증권을 취득할 때 발생하는 부대비용은 당기의 영업외비용으로 처리한다.

<분개의 예>

비용에 대한 대표적인 분개의 예제만 나타낸다.

- 직원들의 회식비 ₩50,000을 현금지급하다.

(차) 복리후생비 50,000 (대) 현 금 50,000

- 거래처 직원과 식사를 하고 대금 ₩100,000을 카드결제하다.

(차) 접대비 100,000 (대) 미지급금 100,000

- 직원의 결혼축하금 ₩50,000을 현금지급하다.

(차) 복리후생비 50,000 (대) 현 금 50,000

- 거래처 직원의 결혼 축하금 ₩50,000을 현금지급하다.

(차) 접대비 50,000 (대) 현 금 50,000

- 회사에서 가입한 조합원 회비 ₩100,000을 현금지급하다.

(차) 세금과공과 100,000 (대) 현 금 100,000

- 건물 화재보험료 ₩120,000을 현금으로 납부하다.

(차) 보험료 120,000 (대) 현 금 120,000

- 세무사 사무실에 기장을 대리하고 수수료 ₩300,000을 지급하다.

(차) 수수료비용 300,000 (대) 현 금 300,000

- 신문대금 ₩20,000을 현금지급하다.

(차) 도서인쇄비 20,000 (대) 현 금 20,000

– 종업원의 출장비 ₩100,000을 현금으로 지급하다.

(차) 여비교통비	100,000	(대) 현 금	100,000

5 영업외수익

기업 본래의 영업활동 이외의 활동에서 발생하는 수익을 말한다.

- 이자수익: 은행예금에 대한이자나 금융업 이외의 일반기업에서 돈을 빌려주고 받은 이자를 말한다.
- 배당금수익: 다른 회사에 주식, 출자 등으로 받은 배당액을 말한다.
- 임대료: 토지, 건물 등의 유형자산을 빌려주고 받은 임대료를 말한다.
- 단기매매증권평가이익: 소유하고 있는 단기매매증권을 기말결산시에 공정가액으로 평가하여 장부가액 이상으로 평가되는 금액을 말한다.
- 단기매매증권처분이익: 단기매매증권을 장부가액보다 높게 처분했을 때, 그 차액을 말한다.
- 유형자산처분이익: 기업이 영업용으로 보유한 유형자산(건물, 토지, 비품 등)을 장부가액 이상으로 처분했을 때, 유형자산의 취득원가에서 감가상각누계액을 차감한 장부가액과 처분가액과의 차액을 말한다.
- 자산수증이익: 주주, 임원, 채권자 등으로부터 현금이나 그 밖의 자산을 기증받은 금액을 말한다.
- 채무면제이익: 채권자로부터 부채를 면제받았을 때의 금액을 말한다.
- 잡이익: 영업외수익 중에서 어느 계정에도 해당되지 않고, 그 금액이 중요하지 않는 수익을 말한다.
- 대손충당금환입: 이미 설정되어 있는 대손충당금 잔액이 기말 결산일의 대손 추산액보다 많아서 남는 금액을 말한다.

<분개의 예>

– 회사가 자금을 빌려주고 1년분 이자 ₩1,000,000을 현금으로 받다.

(차) 현 금	1,000,000	(대) 이자수익	1,000,000

– ₩100,000,000을 투자한 회사로부터 1%의 배당을 받다.

(차) 현 금	1,000,000	(대) 이자수익	1,000,000

6 영업외비용

기업은 운영자금이 필요할 때, 금융기관이나 타 회사로부터 자금을 빌리고 이자를 부담한다. 또한 회사가 투자한 주식가액이 하락하였을 때에는 평가손실이나 처분손실 등의 비용이 발생한다. 이와 같이 영업활동과는 직접적 관련이 없는 부수적인 거래에서 발생하는 비용을 말한다.

- 이자비용: 차입금에 대한 이자, 당좌차월에 대하여 지급하는 이자 등을 말한다.
- 단기매매증권처분손실: 일시적으로 소유한 국채, 공채, 사채, 주식 등의 유가증권을 취득원가 이하로 처분한 경우에 발생하는 손실을 말한다.
- 단기매매증권평가손실: 결산 시에 일시적으로 소유한 유가증권의 시가가 하락한 경우의 그 금액을 말한다.
- 유형자산처분손실: 유형자산을 처분할 때에 처분가액이 처분 전의 장부가액보다 적게 처분된 경우의 차액을 말한다.
- 매권처분손실: 소유하고 있는 어음을 만기가 도래하기 전에 은행에서 할인하는 경우 지급하는 할인료를 말한다.
- 기부금: 업무와 관련 없이 특정기관이나 특정인에게 무상으로 기증하는 금전을 말한다.
- 기타의대손상각비: 일반적인 상거래 이외의 거래에서 발생한 미수금, 대여금 등이 회수 불능되었을 때의 금액을 말한다.
- 재해손실: 천재지변이나 예측하지 못한 사건으로 인하여 발생한 손실을 말한다.
- 잡손실: 위에서 열거한 영업외비용 중에서 금액이 적고 발생빈도가 적은 금액을 말한다.

<분개의 예>

– 차입금에 대한 이자 ₩50,000을 현금으로 지급하다.

(차) 이자비용	50,000	(대) 현　금	50,000

– 일시적으로 소유하고 있던 주식(취득원가 ₩800,000)을 ₩700,000에 처분하고 대금은 계좌이체 받다.

(차) 현　금	700,000	(대) 단기매매증권	800,000
단기매매증권처분손실	100,000		

– 장부가액 ₩30,000,000인 토지를 ₩27,000,000에 처분하고 대금은 수표로 받다.

(차) 현 금	27,000,000	(대) 토 지	30,000,000
유형자산처분손실	3,000,000		

– 쓰레기 봉투 ₩5,000을 현금으로 구입하다.

(차) 잡 비	5,000	(대) 현 금	5,000

– 지진피해를 입은 시민들을 돕기 위해 현금 ₩5,000,000을 한국방송공사에 지급하다.

(차) 기부금	5,000,000	(대) 현 금	5,000,000

연습문제

01. 다음은 차량 처분과 관련된 자료이다. 차량의 처분가액은 얼마인가?

<제80회 전산회계 기출>

• 취득가액 : 15,000,000원 • 감가상각누계액 : 6,500,000원
• 유형자산처분손실 : 2,000,000원

① 1,300,000원 ② 1,500,000원 ③ 6,500,000원 ④ 8,500,000원

해답 ③ 유형자산처분손실 2,000,000원=처분가액−(취득가액 15,000,000원−감가상각누계액 6,500,000원)
∴ 처분가액은 6,500,000원이다.

02. 다음 중 상기업의 손익계산서에서 영업외비용으로 분류하여야 하는 거래는?

<제80회 전산회계 기출>

① 관리부 소모품 구입비 ② 영업부 직원의 출장비
③ 상품 운반용 차량 감가상각 ④ 공장 건물 처분 손실

해답 ④ 공장 건물 처분 손실은 영업외비용으로 처리한다.

03. 다음 중 재고자산의 취득원가에서 차감하지 않는 것은? <제80회 전산회계 기출>

① 매입부대비용 ② 매입환출
③ 매입에누리 ④ 매입할인

해답 ① 매입부대비용. 재고자산을 매입함에 따른 부대비용은 재고자산의 취득원가에 가산한다.

04. 다음 중 재무상태표 계정과 손익계산서 계정의 분류상 올바르지 않은 것은?

<제80회 전산회계 기출>

① 재고자산 : 원재료, 재공품, 상품
② 기타의 비유동자산 : 장기매출채권, 임차보증금, 전신전화가입권
③ 판매비와관리비 : 접대비, 이자비용, 사무용품비
④ 유동부채 : 단기미지급금, 유동성장기부채, 미지급비용

해답 ③ 이자비용은 영업외비용 계정이다.

05. 다음 중 비용으로 처리해야 하는 계정은? <제79회 전산회계 기출>

① 매출할인 ② 매출에누리

③ 매출환입 ④ 대손상각비

해답 ④ 매출할인, 매출에누리, 매출환입은 비용계정이 아니라 매출에서 차감하는 계정이다.

06. 9월 중 개업한 튼튼가구점 자료이다. 9월 영업이익을 계산한 금액으로 옳은 것은?

<제79회 전산회계 기출>

- 거실장판매 대금 : 450,000원
- 식탁판매 대금 : 300,000원
- 판매용 가구 구입 대금 : 250,000원
- 종업원 급여 : 100,000원
- 은행 장기차입금의 이자 : 10,000원
- 매장 임차료 : 100,000원

※ 9월 말 재고는 없는 것으로 가정한다.

① 300,000원 ② 400,000원 ③ 390,000원 ④ 290,000원

해답 ① 매출액－매출원가＝매출총이익
(거실장과 식탁판매액 750,000원－구입원가 250,000원＝매출총이익 500,000원)
매출총이익－판매비와 일반관리비(급여＋임차료)＝영업이익
500,000원－(100,000원＋100,000원)＝300,000원
차입금에 대한 이자비용은 영업외비용이다.

07. 현금시재액이 장부상시재액보다 50,000원 부족한 경우 해야 할 적절한 조치는?

<제79회 전산회계 기출>

① 당좌차월계정으로 대체한다.

② 선급금계정으로 대체한다.

③ 현금과부족 계정에 대체한다.

④ 소액현금계정으로 대체한다.

해답 ③ 이 경우 현금과부족계정이라는 임시계정으로 대체하였다가 차후에 그 원인을 파악하여 본 계정으로 대체한다.

08. 다음 자료를 기초로 판매비와 일반관리비를 계산하면? <제81회 전산회계 기출>

- 기부금 : 400,000원
- 급여 : 1,500,000원
- 복리후생비 : 600,000원
- 이자비용 : 120,000원

① 2,020,000원 ② 2,100,000원 ③ 2,500,000원 ④ 2,620,000원

해답 ② 판매비와관리비=급여 1,500,000원+복리후생비 600,000원=2,100,000원

09. 다음 중 영업외비용에 대하여 말한 내용은? <제81회 전산회계 기출>

A : 오늘은 사무실 전기료 납부 마지막일이네!
B : 오늘 은행에 이자를 갚는 날인데!
C : 오늘은 종업원들에게 월급을 지급하는 날이구나!
D : 과장님 시내출장을 가시는데 여비를 드려야겠네!

① A ② B ③ C ④ D

해답 ②
A: 수도광열비(판매비와관리비) B: 이자비용(영업외비용)
C: 급여(판매비와관리비) D: 여비교통비(판매비와관리비)

10. 다음 중 재무상태표 계정과 손익계산서 계정의 분류상 올바르지 않은 것은?
<제80회 전산회계 기출>

① 재고자산 : 원재료, 재공품, 상품
② 기타의 비유동자산 : 장기매출채권, 임차보증금, 전신전화가입권
③ 판매비와관리비 : 접대비, 이자비용, 사무용품비
④ 유동부채 : 단기미지급금, 유동성장기부채, 미지급비용

해답 ③ 이자비용은 영업외비용 계정이다.

11. 다음 분개 중 적절하지 않은 것은? <제14회 주택관리사 기출문제>

	차 변		대 변	
①	매입채무	×××	현 금	×××
②	현 금	×××	이자수익	×××
③	장기차입금	×××	유동성장기부채	×××
④	현 금	×××	무형자산	×××
	무형자산처분이익	×××		

해답 ④ 무형자산처분이익은 무형자산을 장부금액보다 더 많은 금액을 받고, 매각처분한 경우에 사용하는 계정과목으로 대변에서 발생한다.

12. 차기로 이월되는 계정(영구계정)에 해당하지 않는 것은?

① 단기대여금 ② 장기차입금 ③ 산업재산권 ④ 이자비용

해답 ④ 결산 종료 후, 잔액이 존재할 수 없는 계정을 임시계정이라고 한다. 이자비용은 당기손익이므로, 임시계정이다.

13. 다음 자료를 이용하여 계산한 매출총이익은? <제16회 주택관리사 기출문제>

• 기초재고 ₩70,000
• 총매입 40,000
• 매 출 120,000
• 기말재고 ₩20,000
• 매입환출 10,000

① ₩10,000 ② ₩20,000 ③ ₩30,000 ④ ₩40,000

해답 ④ 기초재고 70,000+순매입액 30,000(40,000−10,000)−기말재고 20,000=매출원가 80,000
매출액 120,000−매출원가 80,000=40,000

14. ㈜한국은 20×1년 1월 1일에 업무용 차량을 구입하였다(취득원가 ₩21,000, 잔존가치 ₩1,000, 내용연수 5년, 정액법 상각). ㈜한국은 동 차량을 20×2년 12월 31일 ₩11,000에 처분하였다. 처분시 유형자산처분손익은? <제16회 주택관리사 기출문제>

① ₩0 ② 처분손실 ₩ 1,000
③ 처분손실 ₩ 2,000 ④ 처분이익 ₩ 1,000

해답 ③ 장부금액 : (₩21,000−₩1,000)/5×2년=₩8,000
21,000−8,000=13,000
장부금액(₩13,000)>순매각금액(₩11,000) ⇨ 처분손실 ₩2,000

15. ㈜한국은 20×1년 초에 설비(내용연수 4년, 잔존가치 ₩200)를 ₩2,000에 취득하여, 정액법으로 감가상각하고 있다. 20×1년 말에 동 설비를 ₩1,400에 처분하였다면 인식할 처분손익은? <제19회 주택관리사 기출문제>

① ₩150 손실 ② ₩200 이익
③ ₩450 손실 ④ ₩600 손실

해답 ① 장부금액 ₩1,550(₩2,000−₩/4) > 순매각금액 ₩1,400 ⇨ 손실 ₩150

16. 당기순이익을 감소시키는 거래가 아닌 것은? <제20회 주택관리사 기출문제>

① 거래처 직원 접대 후 즉시 현금 지출

② 영업용 건물에 대한 감가상각비 인식

③ 토지(유형자산)에 대한 취득세 지출

④ 영업부 직원에 대한 급여 미지급

해답 ③ 토지에 대한 취득세는 유형자산의 취득과 직접 관련되는 거래원가이므로, 유형자산의 취득원가에 포함하여야 한다. 즉 자산처리하기 때문에 순손익에는 아무런 영향도 미치지 않는다.

17. 다음 자료를 이용하여 계산한 매출총이익은? <제19회 주택관리사 기출문제>

• 총매출액 ₩3,500	• 총매입액 ₩2,300	• 기초재고자산 ₩560
• 매출할인 ₩200	• 매입환출 ₩350	• 기말재고자산 ₩510

① ₩950 ② ₩1,000 ③ ₩1,150 ④ ₩1,300

해답 ④ 기초재고(560)+순매입액(2,300−350)−기말재고(510)=매출원가 ₩2,000
순매출액=총매출액(3,500)−매출할인(200)=₩3,300
순매출액(3,300)−매출원가(2,000)=₩1,300

18. 포괄손익계산서에 표시되는 계정과목은? <제18회 주택관리사 기출문제>

① 금융원가 ② 미지급법인세 ③ 영업권 ④ 매출채권

해답 ① 1) 포괄손익계산서는 일정기간의 재무성과(당기순손익 & 포괄손익)에 관한 정보를 제공하는 재무제표이다.
2) 재무성과는 '수익과 비용(당기손익 & 기타포괄손익)'을 비교하여 계산한다.
3) 결과적으로 포괄손익계산서에 표시되는 계정과목은 수익과 비용이다.
4) 금융원가(이자비용)는 비용(당기손익)이다.

19. 다음 중 영업비용에 속하는 것은?

① 이자비용 ② 매출원가 ③ 재해손실 ④ 기부금

해답 ②

20. 다음 중 영업외 비용이 아닌 것은?

① 기부금 ② 이자비용 ③ 단기매매증권처분손실 ④ 접대비

해답 ④

21. 다음 ( ) 안에 알맞은 말을 써 넣으시오.

가. 비용이란 기업이 일정 회계기간 동안에 ( )을 얻기 위하여 소비된 재화나 용역의 가치를 말한다.
나. 비용은 주된 영업활동에서 발생하는 매출원가 및 ( ), 주된 영업활동 이외에서 발생하는 ( ) 등이 있다.

해답 가. 수익
나. 판매비와 관리비, 영업외비용

22. 다음 항목을 영업비용은 "영", 영업외 비용은 "외"로 ( ) 안에 표시하시오.

① 이자비용 ( )	② 유형자산처분손실 ( )	③ 감가상각비 ( )
④ 매출원가 ( )	⑤ 재해손실 ( )	⑥ 세금과공과 ( )
⑦ 보험료 ( )	⑧ 퇴직급여 ( )	⑨ 대손상각비 ( )
⑩ 기부금 ( )	⑪ 지급임차료 ( )	⑫ 복리후생비 ( )

해답 ① 외 ② 외 ③ 영 ④ 영 ⑤ 외 ⑥ 영 ⑦ 영
⑧ 영 ⑨ 영 ⑩ 외 ⑪ 영 ⑫ 영

23. 다음 중 판매비와관리비 계정에 속하지 않는 것은?
① 복리후생비 ② 급여 ③ 이자비용 ④ 접대비

해답 ③

24. 영업외수익이나 영업외비용에 관한 설명이다. 잘못된 것은?
① 기업 본래의 영업 활동과 관계없이 발생한다.
② 영업외비용에는 매출원가, 판매비와관리비가 있다.
③ 일반적으로 금융상의 수익과 비용에서 많이 나타난다.
④ 유가증권의 처분이나 평가시에 발생하는 손익은 영업외순손익에 포함된다.

해답 ②

25. 다음 중 영업외수익에 속하지 않는 것은?
① 이자수익 ② 배당금수익 ③ 임대료 ④ 자산수증이익

해답 ④

26. 다음 중 영업외비용이 아닌 것은?

① 이자비용 ② 기부금 ③ 접대비 ④ 외환차손

해답 ③

27. 다음 중 판매비와관리비가 아닌 것은?

① 매출원가 ② 급여 ③ 세금과공과 ④ 대손상각비

해답 ①

28. 다음 중 영업외이익이 아닌 것은?

① 채무면제이익 ② 보험차익 ③ 매출액 ④ 자산수증이익

해답 ③

29. 다음의 비용계정과 수익계정 중에서 잘못된 것은?

	비용계정	수익계정
①	매출원가	매 출
②	임 차 료	임 대 료
③	수수료비용	수수료수익
④	선급비용	선수수익

해답 ④

30. 다음 자료를 분개할 경우, (가)와 (나)의 차변 계정과목으로 올바른 것은?

<현금지급내역>
(가) 영업용 화물 트럭에 대한 자동차세 ₩100,000
(나) 사무실 전화요금 및 인터넷 사용료 80,000

	(가)	(나)
①	세금과공과	통 신 비
②	세금과공과	소모품비
③	차량유지비	통 신 비
④	차량유지비	수도광열비

해답 ①

31. 다음은 결산정리사항의 일부이다. (가), 나), (다)에 해당되는 계정과목은?

(가) 당기 발생분 이자를 비용처리 (나) 특허권 취득원가를 일정기간에 걸쳐 비용처리 (다) 매출채권 중 회수할 수 없을 것으로 예상되는 부분을 비용처리

	(가)	(나)	(다)
①	이자비용	감가상각비	대손상각비
②	이자비용	무형자산상각비	대손상각비
③	감가상각비	대손상각비	무형자산상각비
④	감가상각비	무형자산상각비	이자비용

해답 ②

제10장

결산정리와 기말수정분개(결산정리분개)

1. 결산정리사항
2. 결산정리분개 적용 재무상태표와 손익계산서 예제

대부분의 사람들은 1년을 마감할 때, 1년 동안 얼마나 벌었으며 얼마가 저축되었는지, 그 밖의 은행대출, 전기요금, 인터넷 요금 등에 대한 사건들에 대하여 정리하고 수입과 지출로 가계부를 기록하기도 한다. 또한 친구관계, 회사생활, 자기개발 등에 대하여 반성하고 정리한다. 회사에서도 1회계 기간 동안의 자산, 부채, 자본, 수익, 비용 등에 대한 사건을 최종적으로 정리해보고 마감하여 재무상태표와 손익계산서 등의 재무제표를 작성한다.

회계는 회계정보이용자(투자자, 노동조합, 금융기관, 소비자, 기업대표) 등을 위하여 1 회계기간 동안 이익이나 손실이 얼마나 생겼으며, 자산과 부채는 최종적으로 얼마나 존재하는가를 재무제표로 작성하고 공시한다. 재무제표를 작성하기 위하여 각 계정과목이 정확하게 얼마나 남았는지 잔액으로 마감되어야 한다. 하지만 이런저런 이유로 정리가 되어 있지 않다.

예를 들어, 저자는 LG그룹 근무 당시에 본사에서 전국의 지사에 발송된 상품금액이 동일한지 확인하는 업무를 하였다. 정확하게 본사와 지사가 일치하여야 재무상태표에 상품금액이 기록되는 것이다. 이러한 계정과목의 금액을 맞추어야 하는 것이다.

이와 같이, 결산 시에 정확한 재무상태표와 손익계산서를 작성하기 위하여 각 계정을 수정하는 절차를 결산정리라고 하며, 결산정리를 위하여 분개를 수정하는 것을 결산정리분개라고 한다. 분개된 내용은 당연히 총계정원장에 전기되는데 이를 정리기입이라고 한다. 총계정원장의 각 계정과목이 마감되어 잔액이 얼마인지가 확인되어야 그 금액이 재무상태표와 손익계산서에 기록된다.

1 결산정리사항

회사에서 결산정리를 하여 기말수정분개를 하는 항목들은 매우 많다. 본 장에서는 기초회계를 다루기 때문에 가장 기본적인 몇 가지만을 설명한다.

가. 소모품의 정리

회사에서 사용하는 복사지, 문방구류, 물컵, 커피포트, 전열기구 등 1년 이내에 소

모되는 소모품을 구입하는 경우에는 비용계정인 소모품비로서 차변에 기입한다. 그리고 결산일에 아직 사용하지 않고 남은 미사용분이 있으면 그 금액을 다시 자산으로 분개한다. 즉 차변의 소모품비를 대변으로, 차변에는 소모품으로 결산정리분개를 한다.

다른 방법으로는 소모품을 구입하면, 자산계정인 소모품으로 차변에 기입한다. 기말에 사용한 금액을 소모품의 대변에 기입하여 차감하고, 차변에는 사용한 금액을 소모품비로 기록한다.

<분개의 예>

소모품을 비용으로 처리하는 방법

– 3월 10일 사무용 소모품 ₩60,000을 구입하고, 대금은 현금지급하다.

(차) 소모품비	60,000	(대) 현 금	60,000

– 12월 31일 결산일에 소모품 미사용액 ₩20,000을 정리하다.

(차) 소모품	20,000	(대) 소모품비	20,000

소모품을 자산으로 처리하는 방법

– 3월 10일

(차) 소모품	60,000	(대) 현 금	60,000

– 12월 31일

(차) 소모품비	40,000	(대) 소모품	40,000

나. 보험료의 정리

보험료는 매월 납부하기도 하지만, 1년치를 미리 지급하기도 한다. 회사가 1년치 보험료를 미리 지급하였을 때, 기말에는 당기에 해당되는 비용만 계산하고, 다음 해(차기)에 해당하는 금액은 당기비용에서 차감하여 기말정리분개를 해야 한다. 즉 선급보험료로 자산처리한다. 선급이자도 동일한 방법을 적용한다.

<분개의 예>

– 회사가 10월 1일 1년분의 보험료 ₩120,000을 현금으로 지급하였다.

(차) 보험료	120,000	(대) 현 금	120,000

– 12월 31일 결산 시에 다음 해(차기) 해당하는 보험료를 정리하다.

(차) 선급보험료	90,000	(대) 보험료	90,000

* 계산식: 120,000÷12＝10,000

10월부터 12월까지 3개월분: 10,000×3＝30,000

내년도 보험료: 120,000－30,000＝90,000

*주의사항: 이자를 미리 지급하였으면 선급이자로 처리한다.

다. 미수수익의 정리

올해(당기)에 포함되어야 할 수익이지만, 기말까지 받지 못한 것을 정리하여 당기분으로 분개한다. 예를 들어, 미수이자, 미수수수료 등이 존재한다. 자산 처리한다.

<분개의 예>

– 결산 시에 은행예금에 대한 당기 분 이자 ₩30,000을 계상하다.

(차) 미수이자	30,000	(대) 이자수익	30,000

라. 선수수익의 정리

올해(당기)에 미리 받은 수익이지만 당기에 포함되지 않고, 다음 해(차기)에 해당하는 금액을 계산하여 차감한다. 선수이자, 선수임대료 등이 있다. 선수수익은 부채이다.

<분개의 예>

– 8월 10일 건물임대료 1년치 ₩120,000을 현금으로 받다.

(차) 현　금	120,000	(대) 임대료	120,000

– 12월 31일 위의 건물임대료 중에서 ₩70,000은 다음 연도 해당금액이다.

(차) 임대료	70,000	(대) 선수임대료	70,000

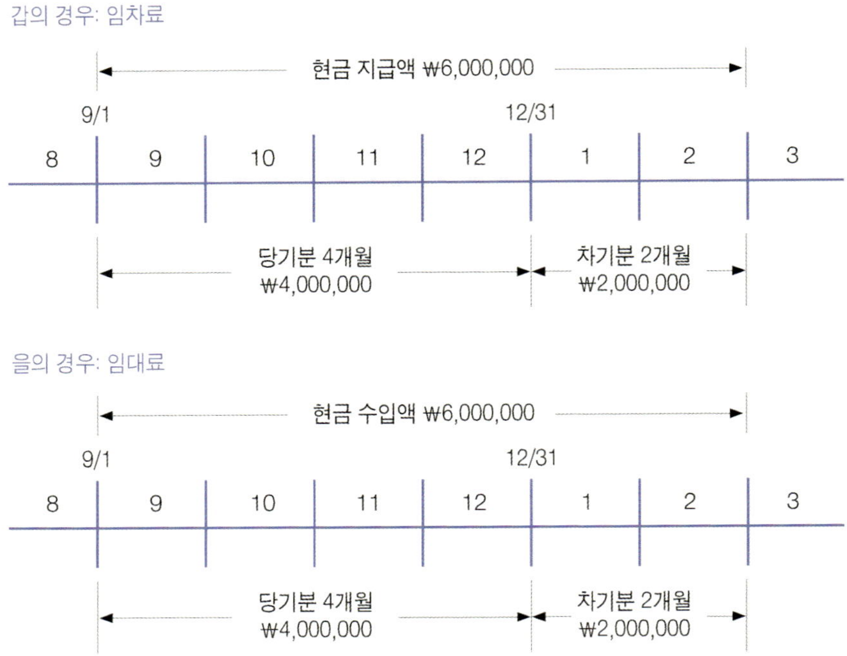

[그림 10-1] 손익의 이연-선수임대료

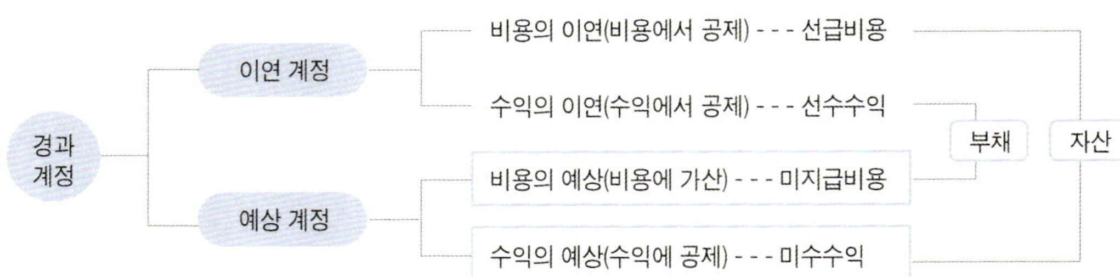

[그림 10-2] 경과 계정의 정리

마. 미지급이자의 정리

올해(당기)에 속하는 비용이지만 결산일까지 아직 지급하지 않은 금액은 당기의 비용으로 계상하여야 한다. 미지급이자(비용)는 부채에 속한다.

<분개의 예>

- 12월 31일 결산일에 은행 이자 ₩200,000을 아직 지급하지 못하였다.

(차) 이자비용	200,000	(대) 미지급이자	200,000

바. 현금과부족의 정리

현금과부족은 장부상의 현금잔액과 실제 현금잔액이 일치하지 않을 경우 실제 현금잔액을 기준으로 부족하거나 남는 금액을 처리하는 임시적 계정이다. 임시적 계정이 결산일까지 현금과부족의 원인이 밝혀지지 않으면 잡손일이나 잡이익으로 대체한다.

<분개의 예>

– 9월 10일 장부상 현금 잔액은 ₩500,000인데, 실제잔액은 ₩540,000이 존재한다.

차변	금액	대변	금액
(차) 현 금	40,000	(대) 현금과부족	40,000

– 기말 결산일까지 위의 현금과부족 금액이 밝혀지지 않았다.

차변	금액	대변	금액
(차) 현금과부족	40,000	(대) 잡이익	40,000

– 9월 10일 장부상 현금 잔액은 ₩500,000인데, 실제잔액은 ₩450,000이 존재한다.

차변	금액	대변	금액
(차) 현금과부족	50,000	(대) 현 금	50,000

– 기말 결산일까지 위의 현금과부족 금액이 밝혀지지 않았다.

차변	금액	대변	금액
(차) 잡손실	50,000	(대) 현금과부족	50,000

사. 가지급금, 가수금의 정리

회사에서 임시적으로 불명확한 금액을 지급하거나, 수령되었을 때 가지급금, 가수금 등의 임시적 계정으로 분개한다. 임시적 계정이므로 결산 시에는 밝혀진 계정으로 대체되어야 한다.

<분개의 예>

– 출장가는 직원에게 현금 ₩100,000을 지급하였다.

차변	금액	대변	금액
(차) 가지급금	100,000	(대) 현 금	100,000

– 위의 직원이 복귀하여 교통비 ₩70,000에 대한 증빙을 받고 나머지는 반환받았다.

차변	금액	대변	금액
(차) 여비교통비	70,000	(대) 가지급금	100,000
현 금	30,000		

– 내용이 분명하지 않는 현금 ₩100,000이 입금되었다.

(차) 현　금 100,000 (대) 가수금 100,000

– 기말 결산 시에 위의 가수금이 외상대금인 것으로 밝혀졌다.

(차) 가수금 100,000 (대) 외상매출금 100,000

아. 인출금의 정리

개인 기업의 경우에는 회사의 자본금을 자유롭게 인출하거나 추가로 출자하기도 한다. 이 금액은 인출금이라는 임시적 계정으로 처리한다. 하지만 결산 시 인출금의 최종 잔액은 자본금 계정으로 대체하여야 한다.

<분개의 예>

– 5월 10일 개인회사의 대표가 현금 ₩1,000,000을 찾아갔다.

(차) 인출금 1,000,000 (대) 현　금 1,000,000

– 7월 10일 위의 회사대표가 현금 ₩2,000,000을 추가로 출자하였다.

(차) 현　금 2,000,000 (대) 인출금 2,000,000

– 12월 31일 결산 시에 위의 인출금 잔액을 정리하다.

(차) 인출금 1,000,000 (대) 자본금 1,000,000

– 5월 10일 개인회사의 대표가 현금 ₩1,000,000을 찾아갔다.

(차) 인출금 1,000,000 (대) 현　금 1,000,000

– 7월 10일 위의 회사대표가 현금 ₩500,000을 추가로 출자하였다.

(차) 현　금 500,000 (대) 인출금 500,000

– 12월 31일 결산 시에 위의 인출금 잔액을 정리하다.

(차) 자본금 500,000 (대) 인출금 500,000

자. 단기매매증권의 평가

단기 투자를 목적으로 주식이나 채권 등을 보유하고 있는 경우 기말 결산 시의 현재 공정가액(시장가격 또는 시가)으로 평가한다.

<분개의 예>

- 기말 결산 시에 단기투자를 목적으로 구입한 ₩3,000,000의 주식이 기말 결산 시에 ₩3,500,000으로 상승하였다.

  (차) 단기매매증권 500,000 (대) 단기매매증권평가이익 500,000

- 기말 결산 시에 단기투자를 목적으로 구입한 ₩3,000,000의 주식이 기말 결산 시에 ₩2,000,000으로 하락하였다.

  (차) 단기매매증권평가손실 1,000,000 (대) 단기매매증권 1,000,000

차. 비유동성부채의 유동성대체

장기차입금과 같은 비유동부채 중에서 기말 결산일 기준으로 1년 이내로 갚아야 할 기간(만기)이 도래한 부채는 유동성장기부채로 대체한다.

<분개의 예>

- 기말 결산 시 현재 장기차입금 ₩3,000,000의 만기가 내년으로 다가왔다.

  (차) 장기차입금 500,000 (대) 유동성장기부채 500,000

카. 마이너스 통장 정리

회사는 은행의 보통예금 잔액 내에서 현금을 인출할 수 있다. 그러나 회사와 은행은 계약에 의하여 신용거래로 일정한도 금액까지 초과하여 인출할 수 있도록 약정하는 것을 마이너스 통장이라고 한다. 기말 결산 시에 마이너스 통장으로 보통예금을 초과하여 인출된 금액을 단기차입금으로 처리한다. 부채이다.

<분개의 예>

- 기말 결산 시 회사의 마이너스 통장 보통예금 잔액이 마이너스 ₩5,000,000이다.

  (차) 보통예금 5,000,000 (대) 단기차입금 5,000,000

타. 감가상각비의 계상

기말에 기업이 보유하고 있는 유형자산에 대하여 당기 분 감가상각비를 계상하여야 한다.

<분개의 예>

- 기말 결산 시 올해에 구입한 자동차 ₩30,000,000에 대한 감가상각을 계상하다. (내용연수는 5년, 정액법, 잔존가치는 0)

  (차) 감가상각비 6,000,000 (대) 감가상각누계액 6,000,000

* 계산식: (30,000,000 − 0) ÷ 5년 = 6,000,000

파. 대손충당금의 설정

기말 결산 시에 회사가 현재 가지고 있는 채권에 대한 대손추산액을 설정하고, 이미 존재하고 있는 대손충당금 잔액을 차감하여 추가 대손금을 설정한다. 보충법이라고 한다. 그러나 대손추산액보다 대손충당금이 더 많이 남아 있으면 환입을 해야 한다.

<분개의 예>

- 12월 31일 기말 결산 시 외상매출금 잔액은 ₩20,000,000이다. 이 금액에 대한 1%의 대손을 추정하다. 단, 현재 대손충당금 잔액은 ₩160,000이 있다. 보충법으로 처리할 것.

  (차) 대손상각비 40,000 (대) 대손충당금 40,000

* 계산식: (20,000,000 × 1%) − 160,000 = 40,000

- 12월 31일 기말 결산 시 미수금 잔액이 ₩20,000,000이다. 이 금액에 대한 1%의 대손을 추정하다. 단, 현재 대손충당금 잔액은 ₩160,000이 있다. 보충법으로 처리할 것.

  (차) 기타의 대손상각비 40,000 (대) 대손충당금 400,000

* 계산식: (20,000,000 × 1%) − 160,000 = 40,000

– 12월 31일 기말 결산 시 외상매출금 잔액은 ₩10,000,000이다. 이 금액에 대한 1%의 대손을 추정하다. 단, 현재 대손충당금 잔액은 ₩160,000이 있다. 보충법으로 처리할 것.

(차) 대손충당금 60,000 (대) 대손충당금환입 60,000

* 계산식: (10,000,000×1%)−160,000=60,000

하. 매출원가의 계상

기말 결산 시에는 1년 동안의 구입한 상품에 대하여 매출원가를 도출하고 결산정리분개를 해야 한다. 왜냐하면, 상품에 대한 원가를 파악해야 얼마나 남았는지를 알 수 있기 때문이다. 기초상품재고액에서 매입한 상품금액을 더하여 판매가능액을 구하고 기말상품재고액을 차감하면 상품매출원가가 산정된다. 비용으로 차변에 기입한다.

> 상품매출원가=기초상품재고액+당기순매입액−기말상품재고액

<분개의 예>

– 기말 결산 시에 기초상품재고액 ₩10,000 당기순매입액 ₩50,000 기말상품재고액 ₩5,000일 때 상품매출원가를 구하고 분개하시오.

(차) 상품매출원가 55,000 (대) 상 품 55,000

* 계산식: 10,000+50,000−5,000=55,000

2 결산정리분개 적용 재무상태표와 손익계산서 예제

[예 제]

아래의 <자료>와 거래에 의하여 분개를 하고, 재무상태표와 손익계산서를 작성하시오(2019년 12월 31일). 다음은 한라중개사무소 2019년 1년간의 거래내용이다.

1월 3일 한라중개사무소는 현금 ₩70,000,000을 출자하여 사업을 시작하다.
1월 5일 회사를 알리기 위하여 신문에 광고비로 ₩3,000,000을 지급하다.
1월 7일 사무실 집기비품 ₩5,000,000을 외상으로 구입하다.
1월 10일 사무실을 임차하고 사무실 임차료 2년분 ₩5,000,000을 현금지급하다.
3월 5일 부동산 중개업무를 수행하고 수수료 ₩4,000,000을 현금으로 수령하다.
3월 7일 소모품 ₩200,000을 구입하고 현금지급하다.
4월 2일 직원들끼리 야유회를 다녀오고 경비 ₩300,000을 현금지불하다.
4월 5일 급여 ₩2,000,000을 현금지급하다.
4월 6일 부동산 중개업무를 수행하고 수수료 ₩6.000.000을 외상으로 하다.
4월 7일 전력요금 ₩100,000을 현금지급하다.
6월 1일 은행으로부터 이자 연10%, 연 2회지급(12월 1일, 5월 30일), 기간 3년의 조건으로 ₩6,000,000을 현금으로 차입하다.
6월 5일 사무실 집기비품 ₩2,000,000을 추가로 현금구입하다.
6월 20일 야근직원들과 회식을 하고 회식비 ₩60,000을 현금지급하다.
6월 27일 거래처 직원에게 식사를 제공하고 ₩150,000의 신용카드로 지불하다.
9월 5일 보험료 1년분 ₩120,000을 현금지급하다.
9월 10일 부동산 중개업무에 대한 수수료 ₩3,000,000을 현금으로 받다.
9월 20일 공인중개업무를 수행하고 그 대가로 ₩5,000,000을 받기로 외상거래하다.
10월 20일 창업성공사례 교재 ₩50,000을 현금구입하다.
11월 15일 공인중개업무를 수행하고 수수료 ₩3,000,000 중 ₩2,000,000은 현금수령하고 잔액은 외상으로 하다.
12월 1일 차입금이자 6개월분을 현금지급하다.

<결산 수정 사항>

12월 31일 매출채권 잔액에 대하여 1%의 대손을 추정하다.
12월 31일 비품에 대하여 정액법 감가상각(잔존가치 0, 내용연수 5년)하다.
12월 31일 현재 소모품이 ₩50,000 남아있다.
12월 31일 보험료를 정리하다.
12월 31일 ㈜상원을 소개한 은행수수료 ₩30,000을 아직 받지 못했다.
12월 31일 차입금에 대한 미지급이자를 계상하다.
12월 31일 임차료를 정리하다.

해답

차변	금액	대변	금액
현 금	70,000,000	자본금	70,000,000
광고선전비	3,000,000	현 금	3,000,000
비 품	5,000,000	미지급금	5,000,000
임차료	5,000,000	당좌예금	5,000,000
현 금	4,000,000	용역매출	4,000,000

차변	금액	대변	금액
소모품	200,000	현 금	200,000
복리후생비	300,000	현 금	300,000
급 여	2,000,000	현 금	2,000,000
매출채권	6,000,000	용역매출	6,000,000
수도광열비	100,000	현 금	100,000
현 금	6,000,000	장기차입금	6,000,000
비 품	2,000,000	현 금	2,000,000
복리후생비	60,000	현 금	60,000
접대비	150,000	미지급금	150,000
보험료	120,000	현 금	120,000
현 금	3,000,000	용역매출	3,000,000
매출채권	5,000,000	용역매출	5,000,000
도서인쇄비	50,000	현 금	50,000
현 금	2,000,000	용역매출	3,000,000
매출채권	1,000,000		
이자비용	300,000	현 금	300,000

<결산정리분개>

1. (6,000,000 + 5,000,000 + 1,000,000) × 1% = 120,000

   대손상각비 120,000 대손충당금 120,000

2. (5,000,000 + 2,000,000)/5 = 1,400,000

   감가상각비 1,400,000 비품감가상각누계액 1,400,000

3. 소모품비 150,000 소모품 150,000
4. 선급보험료 80,000 보험료 80,000
5. 미수수수료 30,000 수수료수익 30,000
6. 6,000,000 × 10%/12 = 50,000

   이자비용 50,000 미지급이자 50,000

7. 선급임차료 2,500,000 임차료 2,500,000

재무상태표

2019년 12월 31일 현재

현 금	1,870,000	미 지 급 금	5,150,000
비 품	7,000,000	장기차입금	6,000,000
매 출 채 권	12,000,000	대손충당금	120,000
소 모 품	50,000	비품누계액	1,400,000
선급보험료	80,000	미지급이자	50,000
미수수수료	30,000	자 본 금	70,000,000
선급임차료	2,500,000	당기순이익	10,810,000
	93,530,000		93,530,000

손익계산서

2019년 1월 1일부터 2019년 12월 31일까지

광고선전비	3,000,000	용 역 매 출	21,000,000
임 차 료	2,500,000	수수료수익	30,000
복리후생비	360,000		
급 여	2,000,000		
접 대 비	150,000		
보 험 료	40,000		
도서인쇄비	50,000		
이 자 비 용	350,000		
소 모 품 비	150,000		
감가상각비	1,400,000		
수도광열비	100,000		
대손상각비	120,000		
(당기순이익)	(10,810,000)		
	21,030,000		21,030,000

연습문제

01. 다음 자료를 이용하여 포괄손익계산서에 표시될 매출원가를 계산한 금액으로 옳은 것은?

총매입액 ₩500,000	기초상품 ₩70,000	매입환출 ₩40,000
매입에누리 ₩30,000	매입할인 ₩10,000	기말상품 ₩30,000

① ₩430,000 ② ₩440,000 ③ ₩450,000 ④ ₩460,000

해답 ④ 순매입액＝₩500,000－₩40,000－₩10,000－₩30,000＝₩420,000
매출원가＝₩70,000＋₩420,000－₩30,000＝₩460,000

02. ㈜대창은 결산 시에 (차)보험료 1,000 (대)선급보험료 1,000의 결산수정분개를 하였다. ㈜대창의 선급보험료 기초잔액은 ₩1,500이며, 기중에 ₩3,500의 보험료를 지불하였다. 결산수정분개 후 선급보험료계정의 기말잔액 금액으로 옳은 것은?

① ₩4,000 ② ₩5,000 ③ ₩6,000 ④ ₩7,000

해답 ① 기초 선급보험료 1,500 기중 선급보험료 3,500
따라서 1,500＋3,500－1,000＝4,000

03. ㈜명성은 20×5년 건물을 ₩5,000,000에 구입하였다. 20×8년말 결산정리 전 건물감가상각누계액이 ₩3,000,000이라면, ㈜명성의 20×8년의 정리분개로 옳은 것은? (단, 감가상각은 정액법, 잔존가치 ₩0)

① (차) 감가상각비 1,000,000 (대) 감가상각누계액 1,000,000
② (차) 감가상각누계액 1,000,000 (대) 감가상각비 1,000,000
③ (차) 감가상각비 2,000,000 (대) 감가상각누계액 2,000,000
④ (차) 감가상각누계액 2,000,000 (대) 감가상각비 2,000,000

해답 ① 20×5 결산정리 전이라면, 20×5년의 감가상각 분개가 반영되어 있지 않은 상태이다. 즉, 20×8년까지의 감가상각누계액이 ₩3,000,000, 정액법을 적용한 매년의 감가상각비는 3,000,000/3＝1,000,000이다. 따라서 매년 감가상각비의 분개는 감가상각비 1,000,000 / 감가상각누계액 1,000,000이 되는 것이다.

04. 다음 자료에 의하여 영업활동과 관련 없는 비용을 계산한 금액은 얼마인가?

급 여	₩1,000,000	복리후생비	₩500,000	기부금	₩100,000
대손상각비	₩40,000	유형자산처분손실	₩20,000	광고선전비	₩10,000
세금과공과	₩30,000	이자비용	₩40,000	보험료	₩70,000

해답 영업활동과 관련 없는 비용은 기부금, 유형자산처분손실, 이자비용이다.
따라서 ₩100,000+₩20,000+₩40,000=₩160,000
다른 계정과목들은 영업활동과 관련이 있는 판매비와관리비이다.

05. ㈜형설은 다음의 결산정리사항을 누락한 상태에서 당기순이익을 ₩300,000으로 책정하였다. 다음의 결산정리사항을 추가로 반영하는 경우의 정확한 당기순이익은 얼마인가?

<결산정리사항 추가분>

수선비 선급분 ₩20,000	단기대여금 이자선수분 ₩20,000
건물감가상각비 ₩30,000	임차료미지급분 ₩50,000

해답 ₩300,000−₩50,000−₩20,000−₩30,000+₩20,000=₩220,0000

06. 다음 거래를 분개하시오.

1) 종업원 급여 ₩3,000,000을 현금으로 지급하다.
2) 영업사원에게 전철 승차원 ₩50,000을 현금지급하다.
3) 전화요금 ₩20,000을 현금지급하다.
4) 자동차세 ₩10,000을 현금지급하다.
5) 차입금 이자 ₩25,000을 현금지급하다.
6) 일시적으로 소유하던 주식 100주(취득원가 ₩600,000)을 ₩550,000에 처분하고 현금으로 받다.
7) 영업용 토지를 ₩5,000,000에 처분하고 대금은 수표로 받다. 단, 토지 장부가액은 ₩4,000,000이다.
8) 쓰레기 봉투 비용 ₩10,000을 현금지급하다.

해답

1)	(차) 급 여	3,000,000	(대) 현 금	3,000,000
2)	(차) 여비교통비	50,000	(대) 현 금	50,000
3)	(차) 통신비	20,000	(대) 현 금	20,000
4)	(차) 세금과공과	10,000	(대) 현 금	10,000
5)	(차) 이자비용	25,000	(대) 현 금	25,000

6) (차) 현 금 550,000 (대) 단기매매증권 600,000
단기매매증권처분손실 50,000
7) (차) 현 금 5,000,000 (대) 토 지 4,000,000
유형자산처분이익 1,000,000
8) (차) 잡 비 10,000 (대) 현 금 10,000

07. 다음 거래에 대한 기말 분개로 가장 옳은 것은? <제81회 전산회계 기출>

> 12월 31일 결산시 외상매출금 잔액 10,000,000원에 대해 1%의 대손을 예상하였다(단, 당사는 보충법을 사용하고 있으며 기말 분개 전 대손충당금 잔액은 50,000원이 계상되어 있다).

① (차) 대손충당금 100,000원 (대) 대손상각비 100,000원
② (차) 대손상각비 50,000원 (대) 대손충당금 50,000원
③ (차) 대손상각비 100,000원 (대) 외상매출금 100,000원
④ (차) 대손상각비 100,000원 (대) 대손충당금 100,000원

해답 ② 결산일 대손추산액 : 외상매출금 10,000,000원×대손율 1%
=100,000원－대손충당금 50,000원
=50,000원(추가설정)

08. 결산 결과 당기순이익 500,000원이 발생하였으나, 기말 정리 사항이 다음과 같이 누락되었다. 수정 후의 당기순이익은 얼마인가? <제81회 전산회계 기출>

> • 임대료 미수분 20,000원을 계상하지 않았다.
> • 단기차입금에 대한 이자미지급액 15,000원을 계상하지 않았다.

① 465,000원 ② 495,000원 ③ 505,000원 ④ 535,000원

해답 ③ 수정후 당기순이익 : 500,000원+임대료 미수분 20,000원－이자 미지급액 15,000원
=505,000원

09. 결산시 이자 100,000원을 현금으로 지급한 건의 회계처리가 누락된 경우 재무제표에 미치는 영향으로 옳은 것은? <제80회 전산회계 기출>

① 비용의 과소계상 ② 자산의 과소계상
③ 당기순이익의 과소계상 ④ 부채의 과소계상

해답 ① 이자비용 지급의 누락으로 비용이 과소계상되고 당기순이익은 과대계상된다.

10. 현금과부족에 대한 설명으로 가장 옳은 것은? <제80회 전산회계 기출>

① 회계기간 중 현금의 실제잔액이 장부잔액보다 많은 경우에만 처리하는 계정과목이다.

② 회계기간 중 현금의 실제잔액이 장부잔액보다 적은 경우에만 처리하는 계정과목이다.

③ 기말결산시 현금의 장부잔액과 실제잔액의 차이가 발생하는 경우 처리하는 계정과목이다.

④ 회계기간 중 현금의 장부잔액과 실제잔액의 차이가 발생하는 경우 처리하는 계정과목이다.

해답 ④ 회계기간 중에 현금의 실제잔액과 장부잔액과의 차이가 발생시 원인이 밝혀질 때까지 한시적으로 처리하는 계정과목이다.

11. 판매비와관리비에 속하는 항목을 <보기>에서 고른 것은?

<보기>

ㄱ. 기부금	ㄴ. 임차료	ㄷ. 접대비
ㄹ. 재해손실	ㅁ. 이자비용	ㅂ. 복리후생비

① ㄴ, ㄹ, ㅁ ② ㄴ, ㄹ, ㅂ

③ ㄴ, ㄷ, ㅂ ④ ㄱ, ㄴ, ㄷ

해답 ③

12. 다음 자료로 영업이익을 계산한 금액으로 옳은 것은?

• 매출액 ₩2,200,000 • 매출원가 ₩1,300,000 • 판매비와관리비 ₩600,000

① ₩600,000 ② ₩500,000 ③ ₩400,000 ④ ₩300,000

해답 ④

13. ㈜주택은 20×1년 10월 1일에 1년분 보험료 ₩120,000을 현금지급하면서 선급보험료로 회계처리하였다. 다음 중 ㈜주택의 기말 결산수정분개로 옳은 것은? (단, 보험료는 월할계산함) <제13회 주택관리사 기출문제>

	차 변		대 변	
①	보험료	30,000	선급보험료	30,000
②	선급보험료	90,000	보험료	90,000
③	선급보험료	30,000	보험료	30,000
④	보험료	90,000	선급보험료	90,000

해답 ① 비용의 지급액 중 차기분이 포함된 경우에는 지급시점에 자산(선급보험료)으로 처리하는 경우와 비용(보험료)으로 처리하는 경우로 구분된다. 지급 시점에 자산으로 처리한 경우에는 결산시에 자산 중 당기분(경과액, 발생액)에 해당하는 금액을 비용으로 대체해야 한다.
발생액의 계산 : ₩120,000÷12×3=₩30,000

14. ㈜대한의 회계담당자는 기중에 인식한 선수임대료 중에서 기간이 경과되어 실현된 금액에 대한 기말수정분개를 하지 않았다. 이러한 오류가 ㈜대한의 당기재무제표에 미치는 영향으로 옳은 것은? <제14회 주택관리사 기출문제>

① 당기순이익이 과대표시된다.

② 기타포괄이익이 과대표시된다.

③ 자산이 과대표시된다.

④ 부채가 과대표시된다.

해답 ④ 1) 기중에 인식한 선수임대료 중에서 기간 경과로 실현된 경우의 분개
(차)선수임대료 ××× (대)임 대 료 ×××
2) '부채의 감소, 자본의 증가, 수익의 증가'에 대한 분개가 누락되었다.
3) 결과적으로 오류로 인한 영향은 다음과 같다.
[부채의 과대평가, 자본의 과소계상, 수익의 과소계상, 순이익의 과소계상]

15. ㈜한국은 20×1년 12월 31일 다음과 같이 기말수정분개를 하였다. ㈜한국은 20×1년 기초와 기말에 각각 ₩100,000과 ₩200,000의 소모품을 보유하고 있었다. 20×1년 중 소모품 순구입액은? <제15회 주택관리사 기출문제>

(차) 소모품비 180,000	(대) 소 모 품 180,000

① ₩80,000 ② ₩120,000 ③ ₩280,000 ④ ₩300,000

해답 ③

재고자산

기초잔액	100,000	사용액	180,000
구입액	(280,000)	기말잔액	200,000

16. ㈜한국은 20×1년 9월 1일에 건물에 대한 12개월분 보험료 ₩60,000을 지급하고 차변에 '보험료 ₩60,000'으로 분개하였다. 20×1년 12월 31일에 필요한 수정분개는?

<제16회 주택관리사 기출문제>

	차 변		대 변	
①	선급보험료	20,000	보험료	20,000
②	보험료	20,000	선급보험료	20,000
③	선급보험료	40,000	보험료	40,000
④	보험료	40,000	선급보험료	40,000

해답 ③ 1) 보험료 지급액 중 차기분이 포함된 경우에는 지급시점에 비용(보험료)으로 처리하는 경우와 자산(선급보험료)으로 처리하는 경우로 구분된다.
2) 지급시점에 비용으로 처리한 경우, 비용(보험료) 중 차기분에 해당되는 금액을 자산(선급보험료)으로 대체한다.
[차기분 : ₩60,000÷12×8=₩40,000]

17. ㈜한국은 사무실 일부를 임대하고 있으며, 20×1년 말과 20×2년 말 선수임대료 잔액은 각각 ₩10,000과 ₩7,000이다. 20×2년 포괄손익계산서상의 임대료가 ₩5,000일 때, 20×2년 현금으로 수취한 임대료는? <제16회 주택관리사 기출문제>

① ₩2,000 ② ₩5,000 ③ ₩7,000 ④ ₩10,000

해답 ① 10,000−7,000=3,000(선수임대료 감소액)
임대료 발생액 5,000−선수임대료 감소액 3,000=2,000

18. 다음의 자료를 이용하여 계산된 매출총이익은? <제14회 주택관리사 기출문제>

(1) 기초상품재고액은 ₩120,000이고, 기말상품재고액은 ₩150,000이다.
(2) 당기의 상품 총매입액은 ₩1,300,000이고 당기의 상품 총매출액은 ₩1,700,000이다.
(3) 당기의 매출에누리와 환입은 ₩180,000이고, 매입에누리와 환출은 ₩100,000이다.
(4) 당기 판매운임은 ₩30,000이고 매입운임은 ₩40,000이다.

① ₩210,000 ② ₩280,000 ③ ₩310,000 ④ ₩350,000

해답 ③ 기초재고액 120,00
순매입액 : 1,300,000+40,000−100,000=1,240,000
매출원가=120,000+1,240,000−150,000=1,210,000
매출액=1,700,000−180,000=1,520,000
매출총이익=매출액 1,520,000−매출원가 1,210,000=310,000

19. 취득원가 ₩1,000,000 내용연수 10년 잔존가치 ₩100,000인 유형자산을 만 2년 사용한 후에 ₩700,000에 처분하였다. 정액법에 의하여 감가상각비를 계상한다면 유형자산 처분손실은?

① ₩210,000 ② ₩200,000 ③ ₩100,000 ④ ₩120,000

해답 ④ 상각액＝1,000,000－100,000/10＝90,000
상각누계액＝90,000×2＝180,000
(1,000,000－180,000)－700,000＝120,000(처분손실)

20. 다음과 같은 계정들을 인식하기 위한 기말 결산수정분개를 누락한 경우 수익이 과대계상되고 부채를 과소계상하게 되는 것은 다음 중 어느 계정인가?

① 미수수익 ② 미지급비용 ③ 선수수익 ④ 선급비용

해답 ③ 결산수정분개를 누락하는 경우 다음과 같은 효과가 발생한다.
① 미수수익 : 수익의 과소계상＋자산의 과소계상
② 미지급비용 : 비용의 과소계상＋부채의 과소계상
③ 선수수익 : 수익의 과대계상＋부채의 과소계상
④ 선급비용 : 비용의 과대계상＋자산의 과소계상

21. ㈜길동은 20X1년 9월 1일에 1년분 이자를 ₩18,000만큼 선지급하고 이를 모두 선급이자로 처리하였다. 결산일인 20X1년 12월 31일에 해야 할 결산수정분개는 무엇인가?

① (차) 선급이자 ₩12,000 (대) 이자비용 ₩12,000
② (차) 이자비용 ₩12,000 (대) 선급이자 ₩12,000
③ (차) 선급이자 ₩6,000 (대) 이자비용 ₩6,000
④ (차) 이자비용 ₩6,000 (대) 선급이자 ₩6,000

해답 ④ 당기에 귀속되는 이자비용은 ₩18,000/12＝1,500
1,500×4＝6,000
(차) 이자비용 ₩6,000 (대) 선급이자 ₩6,000

22. ㈜영구는 회계기말에 미지급급여 ₩50,000을 결산수정분개에 반영하는 것을 누락하였다. 이러한 누락의 결과 다음 중 올바른 것은?

① 수익의 과소계상 ₩50,000 ② 자본의 과대계상 ₩50,000
③ 부채의 과대계상 ₩50,000 ④ 자본의 과소계상 ₩50,000

해답 ② 비용과 부채의 과소계상 ⇒ 이익 과대계상 ⇒ 자본 과대계상

23. ㈜형진은 20X1년 3월 1일에 1년분 임대료를 ₩48,000만큼 선수취하고 이를 모두 선수임대료로 처리하였다. 결산일인 20X1년 12월 31일에 해야 할 결산수정분개는 무엇인가?

① (차) 선수임대료 ₩8,000 (대) 임대료수익 ₩8,000
② (차) 임대료수익 ₩8,000 (대) 선수임대료 ₩8,000
③ (차) 선수임대료 ₩40,000 (대) 임대료수익 ₩40,000
④ (차) 임대료수익 ₩40,000 (대) 선수임대료 ₩40,000

해답 ③ 당기에 귀속되는 임대료수익은 ₩48,000/12=4,000
10개월=40,000
(차) 선수임대료 ₩40,000 (대) 임대료수익 ₩40,000

24. 다음의 내용과 관련있는 거래를 <보기>에서 모두 고른 것은?

> 당기에 현금의 수입이나 지출이 이루어져 거래 발생일 당시에 수익과 비용계정으로 처리한 금액 중에서 당기의 회계기간에 속하지 않는 경우는 차감하여 차기 회계연도로 이월하여야 한다.

> 가. 12월 31일 임차료 선급분(2개월분) ₩20,000을 계상하다.
> 나. 12월 31일 임대료 선수분(2개월분) ₩20,000을 계상하다.
> 다. 12월 31일 이자수익 미수분(2개월분) ₩20,000을 계상하다.
> 라. 12월 31일 이자비용 미지급분(2개월분) ₩20,000을 계상하다.

① 가, 나 ② 가, 다 ③ 나, 다 ④ 나, 라

해답 ① 수익과 비용의 이연에 대한 문제이다. 가.는 선급임차료, 나.는 선수임대료 다.는 미수수익 라.는 미지급이자로서 다.와 라.는 당기에 발생한 수익과 비용으로서 현금의 수입과 지출이 없는 수익과 비용의 예상이다.

25. 2018년 9월 1일 건물 화재보험료 1년분 ₩12,000을 현금으로 지급한 경우 연도 말 결산 시 선급보험료에 해당하는 금액은 얼마인가?

① ₩3,000 ② ₩5,000 ③ ₩8,000 ④ ₩10,000

해답 ③ 9월 1일부터 4개월이 경과분이고, 나머지는 미경과분으로 선급보험료가 된다.

26. 다음 중 기말의 결산정리분개 대상이 아닌 것은?

① 유형자산에 대한 감가상각비의 계상
② 미지급비용의 계상
③ 기간미경과 보험료의 선급비용 계상
④ 단기매매증권처분손익의 계상

해답 ④ 단기매매증권의 처분은 기간중에 발생하는 거래이다.

27. 결산 결과 당기순이익 ₩20,000이 산출되었으나 다음과 같은 사항이 누락되었음을 발견하였다. 수정 후의 당기순이익은 얼마인가?

<누락된 사항> 가. 보험료 선급분 ₩3,000 나. 임차료 미지급분 ₩2,000

① ₩19,000 ② ₩22,000 ③ ₩21,000 ④ ₩25,000

해답 ③ 20,000+3,000−2,000=21,000

찾아보기

[저자 약력]

황 욱 선

서강대학교 대학원 경영학 박사
ERP CONSULTANT
국가공무원 회계 및 세무직 출제위원
전산회계 및 전산세무 출제위원
산업인력공단 회계분야 출제위원
고용노동부 고용서비스 평가위원
한국직업능력심사평가원 훈련기관 평가위원
의왕시, 원주시 예산결정, 재난안전기금 심의위원
한국상업교육학회, 한국경영교육학회 이사
삼성, LG그룹 근무
현, 한라대학교 경영사회대학 교수

저 서
회계원리, 전산회계, 전산세무, 경영회계엑셀 등 다수

회계실무 기초의 이해

초판인쇄 2020년 2월 24일
초판발행 2020년 2월 28일

지은이 황욱선
펴낸이 박노일

총괄기획 김중용·최준규
편 집 심성보·김인숙

펴낸곳 pnc publishing and culture 피앤씨미디어
경기도 고양시 일산동구 강송로 153 310-1501
등록 제396-2012-000203호
전 화 070)7550-3758 팩 스 02)718-8554
홈페이지 www.pncmedia.co.kr 이메일 pnc@pncmedia.co.kr
ISBN 979-11-5730-710-4 93320

정 가 20,000원